재일코리안의 삶과 문화 ②
'교육·학술' 편

재일코리안의 삶과 문화 ② '교육·학술' 편

초판 1쇄 발행 2015년 11월 30일

엮은이 ㅣ 정희선 김인덕 성주현 황익구 동선희
펴낸이 ㅣ 윤관백
펴낸곳 ㅣ ☒동선출판선인

등 록 ㅣ 제5-77호(1998.11.4)
주 소 ㅣ 서울시 마포구 마포동 324-1 곳마루 B/D 1층
전 화 ㅣ 02)718-6252/6257
팩 스 ㅣ 02)718-6253
E-mail ㅣ sunin72@chol.com

정가 15,000원

ISBN 978-89-5933-943-3 94900
ISBN 978-89-5933-941-9 (세트)

청암대학교 재일코리안연구소
재일코리안 구술자료총서 2

재일코리안의 삶과 문화 ②

'교육 · 학술' 편

정희선 · 김인덕 · 성주현 · 황익구 · 동선희

 도서출판 선인

책을 내면서

한국학중앙연구원 한국학진흥사업단의 지원을 받아 2011년 12월부터 시작된 5년간의 학술프로젝트, 『재일코리안 100년』이 시작된 것이 바로 엊그제 같은데, 벌써 4년차가 훌쩍 지났습니다. 한국 연구자 7명, 일본 연구자 5명이 비록 국적과 연구 공간은 다르지만 많은 기대를 가지고 한 가족처럼 연구를 개시하였습니다. 최근 한일간의 어려운 여건도 없지 않았지만 이를 극복하고 유기적인 연구를 수행하여 적지 않은 연구 성과를 축적하였습니다. 그리고 4년차를 맞아 그동안 준비한 구술자료집 『재일코리안의 삶과 문화』를 간행하게 되었습니다.

본 구술자료집은 '재일코리안 디아스포라 100년 – 새로운 '재일코리안상(像)'의 정립 – '의 2차년도 사업의 하나인 자료집을 간행하기 위한 작업의 일환으로 진행되었습니다. 구술 주제는 2차년도 사업의 주제인 '재일코리안의 생활문화와 변동'에 맞추어 개인의 삶에 초점을 맞춘 '다양한 삶의 기록', 민족교육 등 재일코리안 교육에 헌신한 '교육과 학술', 그리고 재일코리안의 예술과 문화 활동을 중심으로 한 '문화와 예술'로 정하였습니다.

구술자료집 초기 기획은 재일코리안이 가장 많은 지역인 간사이지역(關西地域)을 중심으로 재일코리안 1세대인 올드커머와 뉴커머를 대상으로 12명을 예상하였습니다. 그러나 구술의 다양화를 도모한다

는 전제하에 구술 지역과 대상자를 폭넓게 하자는 의견에 따라 좀 더
다양한 재일코리안의 삶과 문화를 살펴보기 위해 기존 코리안타운이
형성된 간사이지역(關西地域)뿐만 아니라 간토지역(關東地域)까지 구
술지역의 범위를 확대하기로 하였습니다. 그리고 구술 대상자도 가능
하면 25명 내외로 확대하였습니다. 그리고 최종적으로는 24명의 재일
코리안의 삶을 담았습니다.

본 구술자료집의 구성은 앞서 언급한 바와 같이 '다양한 삶의 기록',
'교육과 학술', '문화와 예술'을 주제로 3권으로 되었습니다. 비록 각권
마다 구술의 주제는 다르지만 재일코리안의 역사와 문화, 그리고 삶의
향기가 느껴지는 내용이라고 할 수 있습니다. 이렇게 책으로 묶여진
구술자료집이 재일코리안을 이해하는데 조금이라도 도움이 되기를 기
대해 봅니다.

재일코리안연구소는 청암대학교 교책연구소입니다. 연구소에서는
재일코리안과 관련된 자료집과 저서, 번역서 발간 등 재일코리안 관련
사업을 다각도로 추진하고 있습니다. 연구소는 앞으로도 지속적인 관
심을 가지고 재일코리안의 삶을 담을 수 있는 구술자료집 이외에도 문
헌자료집, 사진자료집을 간행할 계획입니다.

이 구술자료집은 재일코리안 연구를 시작하면서 진행되어 만 4년
만에 햇빛을 보게 되었습니다. 무엇보다도 바쁘시고 어려운 여건에서
도 본 구술에 참여해주신 분께 진심으로 감사의 인사를 드립니다. 더
욱이 요즘 같이 일본의 안보법안 통과와 일제강점기 위안부 문제 등으
로 한일 관계가 원만하지 않은 상황에서도 기꺼이 구술에 참여해주신
데 대해 다시 한 번 감사드립니다. 그동안 구술과 녹음 풀기, 교정과
교열을 맡아 함께 한 성주현, 황익구 전임연구원에게 감사를 드립니
다. 또한 전체적으로 구술자료집이 나오기까지 총괄한 공동연구원이
며 본 연구소 부소장 김인덕 교수에게도 감사드립니다. 그리고 지금은

함께 하고 있지 않지만 초기부터 구술 작업을 하였던 전 동선희 전임 연구원의 노고에도 감사의 인사를 전합니다.

그리고 저희 연구소와 이 프로젝트에 관심과 격려를 보내 주신 우리 청암대학교 강명운 총장님을 비롯해 여러 분들께 감사를 드립니다. 본 연구 성과물을 비롯하여 문헌자료집, 재일코리안사전 등 저희 연구소의 대부분의 간행물을 출판해 주시는 도서출판 선인 윤관백 사장님과 편집실 여러분께도 인사를 올립니다.

앞으로 우리 사회가 재일코리안 문제에 좀 더 관심을 갖고 일본에 사는 동포들과 마음으로 소통하게 되었으면 좋겠습니다. 이 책이 그러한 관심에 부응하는 학술적인 성과로 남았으면 합니다.

2015년 11월
청암대학교 재일코리안연구소 소장 정희선

목 차

재일코리안의 삶과 문화 ② – '교육·학술' 편

해 제

　본 구술자료는 '재일코리안 디아스포라 100년－새로운 '재일코리안 상(像)'의 정립－'의 2차년도 사업의 하나인 자료집을 간행하기 위한 작업의 일환으로 진행되었다.

　본 구술자료는 초기 기획은 재일코리안이 가장 많은 지역인 간사이 지역(關西地域)을 중심으로 재일코리안 1세대인 올드커머와 2, 3세대인 뉴커머를 대상으로 하고자 하였다. 그리고 구술대상자는 12명을 예상하였다. 이에 구술작업은 본 사업의 시작과 함께 진행되었다. 그러나 구술의 다양화를 도모한다는 전제하에 구술 지역과 대상자를 폭넓게 하자는 의견에 대두되었다. 이에 어려운 여건에서도 좀 더 다양한 재일코리안의 삶과 문화를 살펴보기 위해 기존 코리안타운이 형성된 간사이지역뿐만 아니라 간토지역(關東地域)까지 구술지역의 범위를 확대하기로 하였다. 그리고 구술 대상자도 가능하면 25명 내외로 확대하기로 하였다.

　이에 따라 구술할 대상자를 선정하기 위해 여러 차례 기획회의를 개최하는 한편 재일대한민국민단 등을 통해 추천을 의뢰하기도 하였다. 구술 주제는 2차년도 사업의 주제인 '재일코리안의 생활문화와 변용'에 맞추어 개인의 삶에 초점을 맞춘 '다양한 삶의 기록', 민족교육 등 재일코리안 교육에 헌신한 '교육과 학술', 그리고 재일코리안의 예술과

문화 활동을 중심으로 한 '문화와 예술'로 정하였다. 이에 따라 본 연구
소에서 진행한 구술 작업은 다음과 같다.

본 구술작업은 모두 여섯 차례 이루어졌는데, 다음과 같다. 이 중 네
차례는 일본 현지에서, 그리고 두 번은 국내에서 진행되었다. 여섯 차
례의 구술작업을 통해 총 25명에 대한 구술을 마칠 수 있었다.

■ 1차 구술작업
기간 : 2012년 4월 5일부터 8일(4박5일)
장소 : 간사이지역
구술대상자 : 전성림 외
구술자 : 정희선, 김인덕, 동선희
촬영 및 녹음 : 성주현

■ 2차 구술작업
기간 : 2012년 7월 4일부터 8일(4박5일)
장소 : 간사이지역
구술대상자 : 전성림
구술자 : 동선희

■ 3차 구술작업
기간 : 2013년 2월 22일부터 26일 (4박5일)
장소 : 간사이지역
구술대상자 : 김성재 외
구술자 : 정희선, 김인덕, 동선희
촬영 및 녹음 : 성주현

■ 4차 구술작업
기간 : 2013년 4월 4일부터 7일까지(3박4일)
장소 : 간토지역

구술대상자 : 오영석 외

구술자 : 정희선, 김인덕, 동선희

촬영 및 녹음 : 성주현

■ 5차 구술작업

기간 : 2013년 5월 12일

장소 : 순천

구술대상자 : 하정웅

구술자 : 정희선, 김인덕, 동선희

촬영 및 녹음 : 성주현

■ 6차 구술작업

기간 : 2013년 8월 6일

장소 : 순천

구술대상자 : 김인숙 외

구술자 : 동선희

촬영 및 녹음 : 성주현

본 구술자료는 총 25명의 구술대상자 중 22명의 구술을 정리한 것이다. 현재까지 정리한 구술을 주제별로 정리하면 다음과 같다.

■ 재일코리안의 삶과 문화 – '다양한 삶의 기록' 편
  (1) 이동쾌 : '히가시오사카 사랑방'의 90세 할머니
  (2) 전성림 : 독립운동가의 아들로서 살아온 삶
  (3) 우부웅 : 바둑으로 일군 한일 · 남북교류
  (4) 김성재 : 김밥과 눈물로 쓴 쓰루하시(鶴橋)의 삶
  (5) 오영석 : 김치로 도쿄를 디자인한 뚝심
  (6) 박양기 : 한국 문화를 전파하는 고려무역 재팬
  (7) 하귀명 : 민단 부인회에 바친 열정

조선사 연구의 외길

- 이름 : 강덕상
- 구술일자 : 2013년 4월 5일
- 구술장소 : 도쿄 아리랑센터(신오쿠보 소재)
- 구술시간 : 75분
- 구술면담자 : 김인덕 정희선, 동선희
- 촬영 및 녹음 : 성주현

■ 강덕상(姜德相)

1932년 경남 함양에서 태어나 2세 때 일본에 건너갔다. 1955년 와세다(早稻田)대학 사학과를 졸업하고 1963년 메이지(明治)대학에서 박사학위를 취득했다. 조선근현대사를 전공했으며 와코(和光)대학, 메이지대학 등에서 강사 생활을 했다. 1989년 히토쓰바시(一橋)대학 사회학부 교수가 되었다. 1995년부터 시가(滋賀)현립대학 교수로 재직하며 재일조선인사연구의 태두 고(故) 박경식(朴慶植) 선생의 자료를 정리했다. 2002년 시가현립대 명예교수로 임명되었으며 현재 재일한인자료관 관장으로 재직하고 있다. 저서로는『간토대지진(関東大震災)』,『여운형평전(呂運亨評伝)』등이 있으며 각종 사료집 편찬에도 힘을 쏟았다.

■ 인터뷰에 관해

강덕상 선생과의 인터뷰는 도쿄 소재 아리랑센터에서 진행되었다. 아리랑센터는 한반도와 재일코리안 관계자료를 비치하고 전시하는 곳이며 인터뷰 당일에도 강덕상 선생이 참가한 세미나가 있었다. 간토대지진의 진상을 규명하고 이를 알리는 문제에 평생 헌신하고, 일본에서 조선근대사 연구의 선구적 역할을 하신 분이기 때문에 인터뷰 역시 그 부분에 초점을 맞추었다. 또한 어린 시절의 경험과 소회 등 자신의 생애사와 관련된 말씀도 들을 수 있었다.

■ 구술 내용

출생과 도일

Q : 먼저 선생님이 재일로서 사신 경험을 말씀해 주시고 그 다음으로
공부 얘기나 후학들에게 해 주실 말씀을 해 주시면 감사하겠습니
다.

A : 아 그런 자격은 없는데.

재일 1세지만 난 한국에서 출생을 했어요. 두 살 반까지 한국에
있었습니다. 그래서 34년에 먼저 아버지가 와 가지고 어머니하고
내가 아버지를 따라 왔어요. 34년입니다.

그래서 그 후 일본에 약 80년, 지금 팔십 하나니까 79년째 일본에
살고 있고. 그런 가운데서 소학교는 일본소학교를 졸업하고. 그때
일본이 한창 황민화정책 밑에서 민족성이 없는 그런 생활… 집에
서는 우리말을 하는데 나갈 때는 일본 사람처럼 해야 한다. 그런
생활양식하고 나갈 때는 다르다는 느낌. 그런 것을 가지고 있었
죠.

그니까 우리 동포사회를 볼 때도 일본사회를 볼 때도 저는 보는
방식이 좀 달랐죠. 그니까 일본 사람들이 그때 조선 사람을 조선
놈 하고 멸시를 하는 그런 때, 그 사람들이 생각을 갖고 있을 때는
그런 거 알 수는 있었어요.

왜냐하면 우리는 구즈야(くず屋).[1] 그때 여기에 있는 조선 사람들
이 도시에 있는 사람은 구즈야가 제일 많았지. 지방에서는 탄광에
있었고. 구즈야는 그러니까 일본 사람이 안 하는 장사입니다. 일
본 사람 보기에 거지보다는 약간 위인 그런 생활이지요.

---

[1] 넝마주의. 폐품수집인을 말함.

아버지는 그때 구즈야, 시키리야(仕切り屋).[2] 폐품을 거리에 가서
가져오는 일꾼 한 다섯 여섯 명을 집에 놓아두고, 그것은 다 아버
지 고향 사람이야. 그래서 그 사람들이 가지고 오는 것들을 그 사
람들이 장사하러 나갈 때 밑천이 없으니까 이 돈으로 사오라. 그
러면 그것을 집에서 해결을 했지. 그런 장사를 하고 있었어.

그니까 일본에서는 그때 하루 벌어서 하루 먹고 사는 사람이니까
미래가 없고, 조금 돈이 나오면 거기서 먹고 그때 막걸리 그것을
마시고, 하는 것은 화투, 도박을 해. 그니까 매일 싸움이야. 싸움
을 하면 경찰이 오고. 그런 집이야. 그래서 또 사람들이 바깥에 나
가서 그걸 살 수 없으면 건물 철거하고 남은 자재를 가져와요. 그
것도 돈이 되니까.

그니까 경찰이 자주 오고. 시끄러운 집입니다. 그런 집에서 소학
교 때 지냈죠. 그니까 주위에 있는 일본 사람은 조선 놈, 법도 지
키지 않는 그런 놈이고 싸움만 하고, 도박만 하고 있다. 그런 눈으
로 보고 있었죠. 그런 의미에서 동포를 자랑한다는 의식은 하나도
없고. 어머니도 우리말 밖에 안하니까. 어머니가 학교에 오는 것
이 제일 싫었죠. 학교의 반 학생들은 그것을 내가 조선 놈이라는
것을 다 알고 있는데 어머니가 학교에 오는 것이 싫었죠. 오지 마
라. 그니까 자존심을 갖고 우리 민족을 자랑하는 그런 건 하나도
없었죠. 그니까 일본 사람이 우리를 멸시를 하는 것은 당연하다.
그런 느낌이 있었죠.

그런 거는 친구들끼리 집에 가면 일본 사람 어머니들은 친구가 오
면 잘 대우를 하고 과자도 내주고 놀다 가라, 그렇게 친절하게 환
영해 주는데 우리 집은 그게 아니죠. '친구들 오지마라' 그런 소학

---

[2] 모은 폐품을 각각의 용도와 성질에 맞게 나누어 파는 직업 혹은 그 사람.

교 때 생활이죠.

또 그런 의미로 우리 집하고 친구들 집하고 많은 차이가 있으니까. 혹시 일본 사람들이 막 자기들이 우월하다는 그것도 인정할 수밖에 없다는 그런 민족허무주의자… 우리 집은 게토(ghetto)라고 할까 그렇게 생각하는 게 자연스럽죠. 우리들이 소학교 때는 나하고 같은 시대는 다 그렇다고 생각해요.

Q : 소학교를 마치신 것이 언제입니까?

A : 소학교 마친 게 44년. 44년 4월에 중학교에 입학했어요.

그러니까 1세는 아니지만 2세로서는 제일 위의 세대지요. 근데 지금 생각해보면 우리보다 좀 나이 많은 사람, 서너 살 많은 사람들이 그때 많이 왔죠. 한국에서, 조선에서 중학교 교육을 받고 대학교 교육을 받기 위해서. 조선에는 대학이 없고 전문학교도 없고 그니까 일본에 유학을 오는 사람이 많았다고 생각해요.

그런 사람은 국내에서, 조선에서도 민족 차별이 있었죠. 그런데 그 사람들은 학교나 또 일본 놈이 많은 도시 그런데 가면 차별 받고 있다는 것을 느낄 수도 있고. 우리말을 하면 안 된다는 그런 지역이 있었죠. 그런데 자기 집에 오면 다 썼죠. 마을에 오면 일본 사람이 오히려 소수파이고, 그런 의미에서 그것이 게토 문화라고 그렇게는 인식하지 않았다고 생각해요.

그런데 우리는 그게 아니라, 조선 놈 그런 말을 자기 어깨로 자기가 받아야 되요. 그니까 그런 의미에서 거기서 교육을 받고 온 사람하고 우리하고는 일본관에 차이가 있어요. 나랑 세 네 살 위에 있는 사람들이 해방 직후에 여러 가지 단체를 만들고 독립운동, 민족건국운동 그런 운동을 다 시작해요.

근데 우리들은 말도 모르고 그때 여러 가지 지식도 모르고, 오히려 그런 사람들이 눈부시다. 그런 생각이 나오고. '너희들도 오라!
참가를 하라 그랬는데' 못 가요. 문 앞에까지 가요. 보고 있는데
거기서 이지메(괴롭힘)를 받는다는 그런 느낌이 있어서. 그래서
그 사람들은 해방 후 활발하게 민족이다 하는데 우리는 '민족 그
런 게 있다.' 그런 세대라.

그런데 나와 같은 나이 있는 사람 경험한 사람 다 있다고. 그니까
민족을 회복해 보니까 그니까 우리가 황민화정책에 빠져 있었다,
민족주의자로 민족을 새로 배운다는 그런 의식을 갖게 되니까 그
선배들과는 일본관이 달라요. 우리가 오히려 본국에서 온 사람보
다 일본에 대해서 비판이 많아요. 깊은 비판을 할 수 있어요.
그런 점이 우리 세대의, 일본에서 학교, 소학교부터 지냈던 사람
의 특징이라고 생각해요. 근데 그렇게 많지는 않아요. 우리 민족
학교가 생기고 거기서 배운 사람은 또 다른 생각도 갖고 있고...

Q : 선생님은 일본 중학교를 다니셨어요?

A : 네 일본이죠. 그니까 해방이 되가지고 우리학교가 생길 때는 중학
교 3학년이니까 다시 1학년부터 시작 할 수 없잖아. 그런 면이 하
나 있었고. 그것을 상징적으로 내가 인식을 한것은 해방 날. 해방
때.

해방 당일의 기억, 고등학교를 마치기까지

Q : 해방 날은 어떠셨어요?

A : 동북에 있었어요. 미야기현(宮城縣)에 피난해서 거기서 농지 개간
을 하고 있었죠. 그래서 12시까지 노동을 하고. 오늘 중대 방송이
있으니까 밑에 농가에 집합하라. 그러니까 재난방송이 있었죠. 그
런데 방송이 무엇을 이야기하는 줄 몰랐어. 그 사람 이상한 일본

말을 했다는 것만 기억에 있어. 그랬더니 오늘은 다 집에 돌아가라. 그래서 두 시쯤 하숙에 가서 있었죠.

하숙에 가니까 완전히 가라앉은 상태였지. 앞으로 어떻게 되나 하고 하숙집 사람을 보니, 하숙집에 일본 학생도 나하고 합해서 4명인데. 일본 사람도 역시 패전을 슬퍼해서 거기 들어가서 울고 있고. 왠지 나는 거기에 못 들어갔어. 그냥 가만히 구경만 하고 있었지. 그니까 역시 일본 사람하고 다르다는. 지금 생각하면 그게 해방 후에 내 시작이라고 생각해요. 서로 다른 바람이 부는 그런 분위기.

그게 내가 해방 후에 자기 회복을 하는 출발점이 되는 그런 느낌이죠. 그래서 또 그 이튿날인가? 학교는 하기 휴가가 되니까 우리 집이 거기서 차로 세 시간 가는데. 피난, 소개(疏開) 상태였으니까. 그래서 거기 가니까 소나무 한 그루만 있었지. 거기에 피난을 하고 있었는데. 마차로 갔으니까 거기에 도착하는 게 밤 8시. 캄캄하고 패전을 하니까 일본 사람 다 숨어 있고.

그런데 우리 동포 집에 우리가 있었는데 거기에 가니까 조그만 촌에서 이렇게 동포가 있나 할 만큼 그렇게 많아. 30명, 40명 있었죠. 거기서 잔치를 하고 있어요. 아 해방이 됐구나 그런 기쁜 소식이다 하는 사람도 보이고. 거기서 태극기를 만드는 거 봤어요. 그니까 일장기를 가져와서(웃음) 그 위에다 태극기를 만들고 만세하고.

난 그거 만드는 거보고 깜짝 놀랐죠. 태극기 처음 봤고. 그래도 다 어른들은 만세 만세를 부르는데 난 역시 거기에서도 같이 행동을 할 수 없었죠. 보고만 있었지. 그게 나는 누구냐 하는 그런 생각을. 그게 하나 해방 때 기억입니다.

Q : 그리고 나서 도쿄로 가셨습니까?

A : 그니까 1년 후에. 아버지는 동경을 중심으로 일을 하시니까. 아버
님 먼저 동경으로 넘어 오고, 우리는 조그만 집이라도 살 수 있는
장소를 만들어야 되고, 그게 집이 되어 가지고 그래서 6조(疊) 방
하나, 4조(疊) 방 하나 거기에 가족들 다 살았죠.

Q : 거기서 지금도 사십니까?

A : 아니에요.

Q : 그러면 도쿄에 오셔서 고등학교 다니신 건가요?

A : 도쿄에 그니까, 그때는 내가 동경중학교에 입학 했으니까. 그니까
피난을 하기 전에 다니던 학교에 그대로 돌아갔죠. 그때가 중학교
3학년 때입니다. 46년 7월.

Q : 그리고 중학교 다니셨을 때의 말씀을 해 주십시오.

A : 근데 그때가 제일 우리는 고생이 많은 시기입니다. 집이 없고, 좁
고. 또 우리가 동경에 갔을 땐데 해방 기념이 있었죠. 그때 아버지
가 술을 좋아하는 분인데, 해방 기념으로 좀 잔치를 했어요. 근데
친구들이 몇 명 와가지고 술을 마셨죠. 독이 들어있는 그것을 마
시니까 며칠을 앓고, 그래서 거의 죽는 상태까지 갔다가 좀 체력
이 있어서 회복을 했는데 눈을 잃었어요.
그니까 1, 2년간은 우리 아버지는 장사를 잘했어요. 돈이 좀 있었
고. 그대로 병이 안 되고 해방 후 혼란이 계속되고 있을 때 사업
을 계속 했으면 재일교포로서는 좀 이름 있는 사람 됐을 거라고
생각해요. 그런데 1년 후에 그런 사고가 나가지고, 처음에는 좀
돈을 그때 갖고 있었으니까 치료를 하고 좀 살았는데 그런데 1년,

2년 되니까 돈이 떨어지고 그
래서 어머니 고생이 시작되
죠.

그니까 그땐 내가 장남이고
내 밑에 제일 막내는 한 살
인가 두 살이고 그 정도. 그
러니까 좀 고생하니까 그때
야미장사, 어머니는 그거 다
했고, 쌀을 시골에 가서 가
져오고 또 고베 가서 여러
가지 구두 그런 것을 가져오
고 노점에서 팝니다. 그런
일을 한 2, 3년 했나?

강덕상 선생 댁의 무궁화

Q : 학교 다니시면서 하셨어요?

A : 네. 중학교 때는 낮에는 학교가고 밤에는 그런 것을 하고. 조선전
쟁 때까지는 고생을 했죠. 재일동포들 집이 경제적으로 나쁜 시대
는 그때다.

Q : 그러면 이러시면서 고등학교는 마친 것입니까?

A : 네. 이제 고등학교 졸업이 50년. 아 대학입학이 50년입니다. 대학
입학 하니까 전쟁이 일어났지. 전쟁이 일어나니까 좀 그때까지는
우리 동포 생활이 영 괴로웠습니다. 일본 사람도 괴롭지만 그래도
일본 사람은 자기 시골에 가면 좀 먹는 것도 있고 그러니까. 그런
데 우리는 그런 것도 없지 않습니까. 그러니 제일 고생을 했지.

한국전쟁 시기

Q : 한국전쟁이 일어난 연도네요.

A : 그런데 전쟁이 일어나니까 일본에는 경제 붐, 조선전쟁 붐이 일어났고 또 철, 금속을 팔아서 돈 번 사람이 많아. 그래서 나도 강에 가서 자석을 이렇게 하면 철이 붙지.(웃음) 그것을 가져가면 돈이 생기고.

여기에 있는 교포도 이런 말을 하면 안 되지만, 조선에서도 사람 죽고 피해를 받고 있을 때 일본 경제가 좋게 되어가지고 우리도 도움을 받죠. 우리 교포가 여기서 좀 경제적으로 여유가 생길 때 조선전쟁 때라고 생각합니다.

또 조선전쟁에서 일본이 기지가 되니까, 거기서 미국 비행기가 가서 폭탄을 던지는 걸 반대를 해야 된다는 그런 점에서, 조총련 계통 사람들이 많은 활동을 하고 많은 탄압을 받고 징역도 하고 그럽니다.

또 하나는 해방 직후 일본 정부 이 사람들이 일본은 맥아더가 와서 일본은 아직도 열두 살 청년이다. 일본 사람도 부족한 거 안다고 그런 식으로 얘기하고 그랬었는데, 역시 이 사람들이 자기들의 열등감 그것을 또 약한 사람, 권리 없는 사람에게 전가하니까.

우리는, 나는 그래요. 이것은 한국에 있는 사람들도 똑똑히 알아야 합니다. 해방이 되니까 나라가 없는 사람이 됐어요. 국가가 없어요. 소련, 미국, 그런 정부가 그렇게 됐지만 자기들의 문제가 바빠서 해외에 있는 사람에게는 아무 관심도 없었고. 그니까 나라 없는 사람이니까, 이놈들은 지 맘대로 우리를 대우해요.

내 느낌은 해방 전에는 민족 차별은 있었어요. 그런데 황민화정책에 반대를 안 하면 법적으로는 차이가 없었어요. 근데 해방이 되니까 멸시감, 편견은 계속 있어요. 그런데 편견 갖고 있는 사람들이 제도적으로, 법적으로 차별을 한다는 그런 법이 생겼으니까 맘대로 배타를 했지.

그런 큰 근거는 하나는, 우리 샌프란시스코조약까지는 우리는 일본에 살고 있으니까 일본 국적을 가지고 있는 게 국제법입니다. 그런데 45년 12월인가 되니까 선거법 개정이 있었는데, 그때 하나 말없이 너희들은 당분간 선거권이 없다. 그렇게 되었죠.

이유는 그것은 일본 천황제의 문제입니다. 천황이 책임이 있다 없다. 그것이 그때 일본을 점령하고 있는 여러 국가에서 문제가 되고 있었죠. 그런데 이놈들은 젤 걱정 하는 것은 일본 국회에서 천황제 반대가 나오면 안 된다. 그니까 그런 가능성이 있는데 조선놈이 대의사(代議士)가 나오면, 그때는 선거를 인구로 하면 한 열명 나옵니다. 이것은 그런 식으로 선거법을 아무 말 없이 당분간

강덕상 선생 댁의 문패

선거권 없다고 그렇게 하고. 선거권이 없다는 것은 여기에 있는 권리, 기본권이 이제 없다는 것이죠.

그래서 1년 후에 일본 헌법 그게 나오니까 국민은 이 헌법에 따르게 된다. 그런데 우리는 전날, 헌법을 선포하는 전날에 조선인은 당분간 외국인이다. 이것은 천황의 명령입니다. 마지막 천황의 명령입니다. 그래서 거기서 배타주의가 시작되고.

그래서 우리학교는 조총련이 하는 이루려 하는 민족교육. 우리

학교를 짧은 시간에 500개 이상 만들었습니다. 나는 이게 제일 큰 일이라 생각해요. 근데 이게 일본국가하고는 안 맞다. 그니까 너희들은 일본 사람이니까 일본 학교 가라. 그니까 강제 폐쇄죠. 이게 48년입니다.

그리고 또 조선전쟁 시작하기 조금 전에, 아직까지 해결이 안 되고 있는 미타카사건(三鷹事件),[3] 마쓰카와사건(松川事件),[4] 시모야마사건(下山事件)[5] 그런 이상한 사건이 나옵니다. 그래서 그거는 다 그때 신문 보도나 일본정부, 맥아더, 이놈들은 이것은 다 조선 놈이 했다 그렇게 설명합니다.

단체령이라고 하는데, 처음에는 치안법이죠. 단체령을 49년에 만들어요.[6] 그게 적용된 제1호는 일본은 공산당이 아닙니다. 조련을 49년에 해산시키지요. 그니까 내 생각은 이것은 역시 조선전쟁을 시작하기 위해서 일본이 한다는 그런 정책이라고 생각합니다. 그러나 일본은 이것을 이용했죠. 나는 그런 느낌이 있고.

그래서 조선전쟁을 시작하니까 일본은 조선전쟁의 기지가 돼서, 또 일본 군대를 새로 만들기 시작하고, 추방했던 관리, 군인들이 다 돌아와요. 옛날에 일본이 그대로 다시 돌아온다. 그런 얘기 우리 교포의 전후 역사하고 조선전쟁, 우리 분단, 우리가 독립이 안

---

[3] 1949년 7월, 국철(國鐵) 주오센(中央線) 미타카역(三鷹驛)에서 전차가 폭주하여 다수가 사망, 부상한 사건. 사건 3일 전 국철에서 약 6만 3천 명의 제2차 정리해고를 통고하고 국철노조에서 반대운동을 벌이고 있었다.

[4] 1949년 8월, 후쿠시마현(福島縣) 마쓰카와정(松川町)을 통과하던 열차가 갑자기 탈선하여 전복하여 사망자가 발생한 사건. 미군점령당국과 정부는 이 사건을 노동운동 탄압에 이용했다. 용의자가 체포되었으나 전원 무죄 판결을 받고 미해결 사건으로 남았다.

[5] 1949년 7월, 당시 정리해고와 관련하여 노조와 대립하던 국철 총재, 시모야마 사다노리(下山定則)가 출근 도중 실종되고, 사체로 발견된 사건.

[6] '단체 등 규정령'을 말함. 1949년 4월 4일 정령 제64호로 시행되었고, '파괴활동방지법' 시행으로 1952년 폐지되었다.

됐다 그런 문제가 연결되어 있다. 그런 문제는 본국에서만 있는 게 아니고 이런 데서도 연결성이 있다. 그것을 분석을 하면 그렇게 된다. 역시 일본이 반동되는 문제는 조선 문제가 있다는 것을 직감적으로 알고 있었죠.

그것을 대학에 들어가서 알게 되고. 그러니까 그때는 나는 대학에서 역사를 공부하고 싶지는 않았습니다. 나는 일본에서 역사를 해서 무엇이 됩니까? 법학을 해서 이것을 하면 자기 미래에 관계없는 것입니다. 그니까 나는 의사가 되고 싶었고, 의사는 우리 경제력으로는 안 돼. 난 장남이고. 그래서 수산(水産)학교 또는 해운(海運)학교 그런 데로 지망했어요.

그런데 그것을 원서를 내니까 그게 안 된대요. 원서를 안 받아요. 왠지 알아요? 나는 그때 이렇게 되고 있다는 걸 알았는데. 그니까 조선 사람이 입관법(入管法), 그건 조선 놈은 맘대로 들어오면 안 된다, 또 맘대로 나가면 안 된다. 허가를 받고, 근데 해운은 일일이 허가를 받고서는 일이 안 되지 않습니까? 파일럿도 그래요. 그니까 알아보니까 재일교포로 해운 면허를 갖고 있는 사람이 한 사람 밖에 없어요. 그것은 해방 전에 그 사람이 자격을 갖고 있으니까.

그리고 또 하나는 농사, 농협에 들어갈 수 없다. 농협에 들어간다 하면 농사를 해요. 토지를 써야 하지요. 그런데 토지를 맘대로 쓸 수 없다는 것이죠. 또는 강산의 관리 그것도 없다는 것입니다. 이것이 입관법 부속입니다. 나는 몰랐죠.

와세다대학 시절

Q : 그래서 와세다대에 가셨어요?

A : 그니까 갈 데 없으니까.(웃음) 갈 데 없어서. 어디 가야 하나 하고,

법학을 가도 안 되고 역사라는 것은 자기 사상, 자기 생각을 확실히 할 수 있을 거라 생각하고. 고등학교 때 선생님 좋은 역사 선생님이 있었어요. 그래서 그 사람한테 배운 것이 많았고.

조선전쟁이고, 들어가서 공부도 잘 하면 되는데, 그땐 학생운동이 아주 심했어. 나도 '조선전쟁 반대' 등 학생운동을 하고, 그런데 나가서 공부도 안하고 돌아 다녔습니다.(웃음)

1년 안 되죠. 10월 달에 경찰들하고 싸움이 돼 가지고 체포되고, 그래서 퇴학이 되었어요. 퇴학 처분을 받았습니다. 그러니까 와세다는 1학년을 두 번 했어요.(웃음)

Q : 다시 복학을 하셨나요?

A : 네 복학. 그러니까 너무 경찰에 잡히는 사람은 다 퇴학이라요. 그니까 너무 난폭했죠. 그니까 학교도 좀 반성을 했나? 1년이 되니까 복학하고 싶은 사람은 오라 해서.

나는 복학하고 싶지 않았는데, 다른 대학에 하니까 떨어져.(웃음) 그니까 할 수 없이 다시 했죠.(웃음)

Q : 그래서 다시 복학하신 이후에는?

A : 그니까 좀 반성을 했죠. 아무 것도 모르는 놈이 떠들어서 1년 복귀했다. 좀 자기 공부를 해서, 자기 이야기를 할 수 있는 자기 말로, 자기생각으로 할 수 있는 그런 정도로 해서 해야 한다. 그래서 돌아와서 공부를 좀 시작했죠.

Q : 복학한 다음에 역사 공부를 시작하셨나요?

A : 아 그래. 그런 식으로 시작했다.

Q : 그러면 와세다 다니실 때에는 어떤 선생님들이 계셨습니까?

A : 와세다에는 선생이 없어요. 그 학교는 이름만. 자기 졸업한 학교를 그렇게 말하면 안 되지만.(웃음)

Q : 그니까 같이 공부한 친구들은?

A : 그니까 학생들은 좋았죠. 자기들이 마음에 드는 학생들끼리 서클을 만들었죠. 나는 와세다 서클 졸업입니다.

Q : 와세다 서클 유명한 거 만들었죠?

A : 여러 가지 있어요. 처음에는 민주주의 과학자동맹인가 있어서 거기에 지부가 있었죠. 거기에 역사방, 철학방, 경제방, 여러 가지 있었고. 또 중국연구회도 있었고. 또 역사학연구회도 있었고.

Q : 그럼 이때 죄송한데 무슨 책 주로 보셨어요?

A : 난 처음에는 중국사학을 했어요. 중국혁명이 일어났으니까. 또 내 고등학교 선생이 중국사 전공이라서 그 선생님 영향을 받고. 중국 현대사 그것을 공부도 하고. 그래서 졸업 논문은 중국사입니다. 그런데 55년 졸업한 뒤에, 그때 졸업논문 쓰고 있을 때 좀 맘이 변화했었지. 직접적으로는 야마베 겐타로(山邊健太郎)[7]라는 선생님, 공산당원이지요. 또 동대(동경대) 교수도 있고, 이런 사람들하고 우연히 만난 때가 있었어요.
      특히 야마베 겐타로는 그때 일본에서는 조선의 근대사 연구의 선구자라고 했던 사람인데, 그 사람이 재일조선인이 왜 중국사를 하나? 조선사를 하라. 조선사는 일본을 보는 거울이다. 이것은 아주

---

[7] 1905~1977. 조선근대사 연구에 선구적인 역할을 한 역사학자. 일제 때 좌익노동운동으로 복역한 일이 있다.

좋은 말입니다. 그래서 조선사를 시작했고. 그 사람을 따라서 여러 가지 자료 소개를 받고 많은 조사도 시작하고, 지금도 학생들한테 중국사도 좋지만 역시 조선사를 해야 한다 그런 말을 하고 있어요.

그때 내가 창씨개명을 포기를 하고, 실은 난 이런 강(姜)이라는 조선 사람이다. 조선 놈이다. 그런 말을 했죠. 그때의 동기가 미야타 세쓰코(宮田節子), 또 오무라 마쓰오(大村益夫),[8] 또 권영욱이라는 사람이 있었어요. 그런 사람들이 그때 회합하고, 그래서 일본에서 조선근대사의 시작은 나는 와세다에서 했다고 생각해요. 동대에 있었던 가지무라 히데키(梶村秀樹)[9]도 우리하고 같이 시작하게 되고. 그래서 우방협회(友邦協會) 거기에 우리들이 참가를 해요.

거기가 동경에 있는 조선사를 하는 공동세미나 그렇게 됩니다. 그렇게 1년, 2년 되니까 전국적으로 조선사연구회라는 것이 생겼습니다.

연구회와 관련하여

Q : 조선사연구회에도 관여하시죠?

A : 예 그럼요. 처음에 내가, 첫 보고자입니다. 제1호.

Q : 미야타 세쓰코 선생님은 어떻게?

A : 미야타 세쓰코는 4년 후배입니다. 내가 와세다에 5년 있었죠. 5년 이지만 실제로는 학부 4년입니다. 그때 1학년으로 들어왔습니다. 중국 연구회에서 같이 공부를 했던 사람입니다. 그 사람이 3학년 되었을 때 졸업논문을 조선을 한다, 그래서 졸업논문으로 3·1운

---

8) 와세다대 명예교수. 조선 문학 전공. 『윤동주와 한국문학』 등 저서 다수.

9) 1935~1989. 가나가와대 교수 역임. 조선근대사를 연구하고 다수의 역사서 발간.

동에 관해서 했어요. 근데 와세다에서는 그것을 지도하는 사람이 하나도 없었고, 그래서 지도교수가 '나는 3·1운동을 지도를 할 수 없으니까 좀 바깥에 나가라. 마루노우치에 우방협회라는 곳이 있고 거기에는 조선에서 통치를 한 사람들이 많이 모이고 있으니까, 거기에 가면 아마 3·1운동 기억하고 있는 사람도 있고 잘 알고 있는 사람도 있을 것이다.'

그렇게 소개를 받고 미야타 혼자 거기에 갔어요. 그렇게 해서 거기를 가니까 거기 있는 사람들이 참 환영을 해요. 그래 그 사람들은, 호즈미 신로쿠[10]라는 사람이 말하기를, '일본이 조선 통치를 한 공죄(功罪)를 장래에 결정을 해야 한다. 지금은 자료를 모아야 한다. 그런데 자료가 없다. 그러나 여기에 모이는 사람들은 다 자기 머리에 조선 자료를 갖고 있다. 그것을 녹음으로 기록을 하자. 우리는 노인이 되니까 손이 없고 다리가 없다. 그니까 너희들과 같이 하자.' 그런 요청이 있었어요.

그래서 우리와 상의를 하고 우리는 그것을 받고 같이 하자 그렇게 된 거죠. 이것이 58년 4월입니다. 그것이 우방협회의 조선근대자료연구회가 약 500회, 10년 이상 계속되었습니다. 그래서 여기서 조선근대사, 여러 권위자가 많이 나왔습니다. 가지무라, 기타무라, 미야타, 또 말하면 많이 있습니다.

그니까 그때는 일본 대학에 그런 강좌 하나도 없었습니다. 조선말도 없었고. 우리는 그때는 전차 안에서 한글신문을 읽고 있는 사람을 보면 겁이 났습니다. 왜냐하면 경찰이 그땐 경찰에서 우리말을 배워요.(웃음) 탄압하기 위해서. 그런데 자위대, 이놈들이 공부를 해요.

---

10) 1889~1970. 조선총독부에서 여러 관직을 거쳐, 일제 말 식산국장 역임. 전후에는 우방협회 이사장.

그니까 천리대학(天理大學) 있죠. 거기에 조선어가 있었어요. 그
때 배우는 학생은 다 군인입니다. 경찰이나 자위대나, 보통 학생
은 하나도 없었어요. 그런 시대가 있었어요.

Q : 근데 선생님은 그러면 저기 조대(朝鮮大) 쪽하고는 관계없이 계셨
고. 이 연구회를 10년 정도 하시면서는 그러면은 주로 생활은 어
떻게 하셨어요?
A : 생활은 어머니. 어머니가 조그만 가게를 하고...

Q : 선생님은 한참 공부만 하셨지요?
A : 난 놀고 있었지.(웃음) 그니까 와세다에 10년 있었고. 난 학부 5년
석사과정 5년, 와세다는 박사 과정은 '넌 오지 마라' 하는 거예요.

구술하는 강덕상 선생

(웃음) 조선어 하나 없으니까 지도를 할 수 없으니까. 그래서 명치대학(明治大學)에 조선사가 있어서 거기에 박사과정이 있어서 거기로 가요. 미야타도 그랬죠. 그 사람은 와세다대학원에서는 정식 학생이 아니라 청강생이고, 그래서 명치대학에서 했지요. 그때 조선사연구회는 명치대학이 중심이었죠.

Q : 그럼 연구도 주로 명치대학에서 하셨습니까?

A : 학교에서는 안했어요. 학교 선생님이 강의 안 나오면 도서관이나 거기에 학생이라는 신분만 가지고.

Q : 명치대학에서는 박사 학위를 받으셨습니까?

A : 박사논문은 하지 않고 그냥 과정만 했어요. 한국에서는 박사, 박사 하지만 여기에서는 박사를 가져봤자 아무 의미도 없습니다. 지금은 그냥 박사 없으면 취직 못하지만, 우리 대학에 교수가 되니까 박사학위 없어도 박사 논문을 보면 박사라고 인정하는. 그런 점은 한국과 달라요.

대표적인 연구에 관해

Q : 선생님 연구 테마가 상당히 여러 분야에 걸쳐 있고, 책도 많이 쓰셨는데 논문은 뭐 너무 많고요.

A : 그것은 처음에는 조선사를 할 때 경제사를 합니다. 왜 경제사를 했냐면, 경제사가 역사다. 다른 것은 역사가 아닙니다. 그니까 젊은 사람이 다 시작할 때는 경제사를 했어요. 우리도 같은 생각으로 했는데 이것은 가지무라하고 관계가 있습니다. 가지무라하고 같이 연구를 했습니다. 그래서 같이 야마베의 제자입니다.
그래서 자료를 발굴하고 여러 가지 이용 안 된 자료를 많이 알았

습니다. 그런데 가지무라 하고 경쟁을 하면 좋지 않잖아. 그래서
분업을 하자, 그래서 가지무라는 생산관계, 면작(棉作)의 전개에
관해 연구를 하고 좋은 책을 냈지요.

나는 화폐를 했습니다. 그래서 처음에는 화폐 논문이 6개 있어요.
처음부터 해서 화폐정리까지 했어요. 그런데 책을 만들자 하니까
체계가 있어야 하죠? 체계를 어떻게 세우나 하는 점에서 보니까
이게 안돼요. 왜 안 되냐 하면 조선 근대는 침략만 받고 하는 피
침략 그런 역사가 아니고, 우리도 자본주의로 발전할 수 있는 보
통 나라다. 이것을 같이 증명하자.

그런데 가지무라는 생산을 하니까 일본보다 떨어져도 그것을 증
명할 수 있다, 가능성이 있다. 화폐를 하니까 이게 안 되네. 일본
이 침략을 하는 수단으로서는, 그러니까 일본이 우리 경제를 조종
하고 경제를 교란시키는 그런 의미에서는 좋은 테마입니다. 그것
은 할 수 있는데, 거기에서 자본주의 그런 것은, 좀 여러 가지 도
시론, 화폐론, 상인론 그런 것을 공부를 해야 한다는 여러 가지 애
로가 있었어요. 그래서 이것은 안 된다.

그래서 어떻게 할까 생각을 갖고 있을 때, 박경식이 왔죠. 박경식
이는 여러 가지로 독한 사람입니다. 같이 하자 하는데, 같이 하면
내가 없다. 그런 느낌이 좀 있었어요. 박경식 선생한테는, 그래서
같이 한다는 것은 주저를 하고 있었고, 그래도 그 사람이 나한테
가르치니까, 왜 내가 강제연행을 하나 그 의미를 나한테 말해요.
그것은 지금도 확실히 기억이 나는데. 역사가는 시무(時務)의 역
사, 그러니까 시대적 의무에서 오는 테마가 중요하다는 그런 게
있다. 지금 재일교포의 제일 문제는 일본 정부가 우리를 고려하지
않고 닥달하고 추방하는 여러 가지. 학교, 법, 입관법 여러 가지
있지 않습니까?

연구자료를 설명하는 강덕상 선생

그니까 박경식은 우리는 일본 하늘에서 내려온 것도 아니고 땅에서 자연적으로 생긴 것도 아니다. 일본제국주의의 하나의 역사의 결과다. 그러니까 우리는 일본에 거주하는 일본사회를 같이 공동적으로 살 권리가 있다. 강제연행을 테마로 해서 확실히 해야 하는 그런 문제다. 같이 하자. 그래서 이 사람은 자료가 없으니까, 아직은 귀국운동이 없을 때니까, 학교 끝나면 가서 오럴 히스토리(oral history)를 시작해요. 이것이 강제연행의 기록집입니다.

그래서 너도 같이 하자 그런 말이 있었어요. 그런데 나는 그때 좀 다른 생각이 있어서 같이는 안했는데 그런 기억이 있어요.

나는 화폐는 안 된다. 다른 것을 해야 된다는 그런 느낌이 있었는데, 국회도서관에 아는 사람이 '미국에서 좀 재밌는 자료가 왔다. 보겠나?' 해서 봤는데, 그때 미국에서 마이크로 필름으로 되어 있던 일본 근대 자료, 육군, 해군과 관련하여 많은 자료가 있었어요.

보니까 3·1운동도 나오고, 관동지방 탄압도 나오고 간토대지진의 문제도 많이 나오고, 바로 이거다라고 생각했지.

그래도 처음에 나는 그것을 연구를 하면 되는데, 왜 너는 그것을 연구를 안 하고 자료집으로 냈나 그러는 사람이 있었어요. 근데 나는 좀 생각이 다르고, 역시 같이 연구를 해야 한다. 많은 사람이. 그러니까 자료집을 내서 공동적으로 이용하자. 나는 자료집으로 내면서 편집을 하고 있을 때, 다 읽으니까 이것은 이렇게 하면 논문이 된다는, 논문도 생겨요.

그래서 관동진재를 1963년인가 냈죠. 자료집으로 내는 것과 동시에 역사논문을 역사학연구, 역사평론, 노동운동사연구 또 여러 가지 몇 군데에서 동시에 논문을 썼어요. 자료집을 내고.

그러니까 그때 일본사회는 이런 게 나왔다, 일본역사를 다시 생각해야 한다는 그런 분위기가 많이 있었죠. 그래서 책도 팔리고 이름도 나고, 그때 역사를 하기로 했다. 좀 이름이 났다. 그런 게 1960년 후반기.

그 후에 간토대지진은 일본에서 당한 학살이지만 이것은 일본 사람의 차별, 그러니까 유언비어, 거기서 민족 대립이 나오는 게 아닌가 하는 결론이 났습니다. 그러니까 관동에서 학살이 있었죠. 또 3·1운동이 나오고. 지금 보면 의병투쟁도 그렇고 갑오농민전쟁 때 학살도 그렇고 그니까 갑오농민전쟁, 1890년대부터 1923년 관동지진까지 한 30년 전쟁, 전쟁포고가 없는 전쟁, 그것이 계속되었다. 지금도 이 느낌을 가지고 있습니다. 거기에서 하나 제노사이드문제, 그것을 해야 한다. 지금 그런 의미에서 좀 하고 있습니다만 시간이.(웃음)

Q : 간토대지진 이외에도 책을 많이 내셨잖아요. 학병, 여운형에 관해

서도 내셨죠.

A : 네. 여러 가지 난 바람 쐬는 사람이라.(웃음) 여운형은 내가 마지
막까지 인생을 바친 연구. 역시 독립운동을 하니까 이 사람 밖에
평가할만한 사람이 없다. 나는 그런 의미로 했어요.
이승만, 김구 이런 사람들보다.

교수 생활

Q : 히토쓰바시(一橋)대학 강의는 언제부터 언제까지 하셨어요?

A : 난 1970년 후반부터 1995년, 1996년까지인가 했어요. 그니까 아까
그것은 강사로 했을 때가 1979년이고 쭉 강사를 계속 했어요. 그
러다가 서울올림픽 때쯤, 1989년 그때 정식교수가 되었고.

Q : 그리고 저기 시가(滋賀)에 가신 것은?

A : 시가가 1996년인가? 거기서 7년 있었죠. 그니까 1970년부터 거기
서 정년을 해 가지요. 그 안에서 역시 내가 한 것의 특색은 자료
그것을 자료집으로 내고 했는데, 야마베 겐타로 책을 정리한 것이
나입니다. 그것은 와코대(和光大)에 들어갔고.
또 박경식 자료를 시가현립대학에 보관하고, 또 우방협회에 있었
던 책과 자료를 학술원대학에 이관하는 데 내가 메신저가 되었어
요. 또 있어요. 그런 자료 정리하는 데서 이룩했다는 느낌이 있어.

Q : 선생님 그럼 지금 그 많은 자료는 어디 갖고 계십니까?

A : 서재에 있는데 아직까지 정리도 안 되고 있습니다. 들어갈 수 없
어요, 지금.
구경만 하고 가세요.(웃음)

간토대지진에 관한 생각

Q : 시간이 너무 흘러가서 더 여쭙고 싶은데요. 간토대지진에 대해서 하시고 싶은 말씀 있으면 부탁합니다. 90주년이니까요.

A : 간토대지진에 대해서는 일본사회에서는 60년대 자료가 발행이 돼서 여기서 일본사를 하는 사람들이 조선인 학살이 중심이 되고 있는 사건이다. 그때까지는 사회주의자, 오스기 사카에(大杉栄) 같은 무정부주의자 학살과 조선인 학살을 어느 정도 동급으로 보았는데 그것은 아니다. 그것은 많이 비판되었어요.

또 하나는 자경단이 한 것이 아니라는 것. 역시 일본 정부가 앞서서 죽이기도 시작하고 계엄령도 내렸고. 계엄령 밑에서 자경단은 자기 마을은 자기가 해야 된다는 그런 생각으로 민병을 만들고. 그래서 이것은 민족문제다. 계급관계 그런 것이 아니고 민족문제 그런 생각으로 해야 한다.

또 이 지진을 일본이 의미를 생각 안 하고 묻어 두었다. 이게 그 후 일본사회에 군국주의, 침략주의 그러니까 일본이 소위 대정(大正)데모크라시가 쇼와(昭和) 파시즘이 되는, 일본 사회에서도 큰 문제다. 그런 것을 그때도 제기했죠. 그것은 일본 사람도 인정을 하는 사람도 많고. 지금은 그것이 정설이 되고 있다.

그런데 요즘에 와서 학살은 죽었다고 학살이 아니다 그런 식으로 좀 여러 가지 얘기도 나오고 있어요.

Q : 가슴 아프시겠네요.

A : 좀 그래. 그래서 지금 2년 전에 일어난 진재, 이것이 아직까지 끝나지 않았어요. 그런데 그것을 애매하고 있으니 관동진재에서 배워야 한다 그런 의미가 있고. 그것은 차치해도, 문제는 지금도 그 위에서 일본 사람들이 40년 전에는 이것이 큰일이다 생각했는데,

지금은 애매하게 생각되기 시작했다는 거지. 그니까 일본 사람이 그렇게 나쁜 놈이 아니다 하는 식으로 생각하는 것이고.

또 문제는 한국 국민, 한국 정부, 위안부 문제에 대해 한국이 나오고 있는데 왜 간토대지진에 대해서는 정부가 세워진 지 60년이 지났는데 한마디도 말을 안 하느냐. 혹시 이것은 해결이 안 되고 있어요. 사죄도 없고. 지금은 보상 요구하는 사람이 다 없어요. 보상 문제가 아니고 재일교포의 명예 회복입니다. 그 문제에 국가가 나서야 되죠. 그걸 왜 안하나?

그러니까 자료 공개를 하라. 한국 정부는 그것이 정당한 요구입니다. 왜 안 하나 그것이 하나고, 또 그러니까 한국 민중이 간토대지진이 뭐냐 하는 것을 아무것도 몰라요. 해외교포가 이렇게 많은 일을 당했는데 같은 연대심이 없다는 것이 이게 문제. 상해임시정부는 상해 조그만 정부지만은 일본에 항의도 하고 조사를 했습니다. 그런데 한국 정부는 임시정부를 정통으로 받고 있죠? 그런데 왜 이승만이 친일파라서 그런가? 예 이 정도로 합시다.

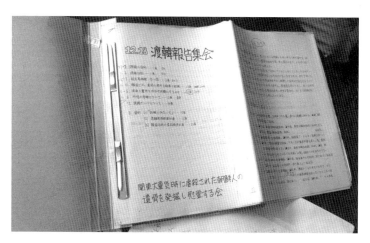

강덕상 선생의 관동대지진 연구자료

재일코리안의 삶을 정리한 '재일코리안 연표'

- 이름 : 강철
- 구술일자 : 2013년 4월 23일
- 구술장소 : 도쿄 도요코인(東横イン) 가부키쵸(歌舞伎町)
- 구술시간 : 2시간
- 구술면담자 : 동선희, 김인덕, 정희선
- 촬영 및 녹음 : 성주현

■ 강철(姜徹)

1929년 이시카와현(石川縣) 가나자와시(金澤市)에서 태어났고, 4세 때인 1933년 할아버지의 명령에 따라 고향인 제주도로 돌아갔다. 제주도에서 초등 교육을 마치고, 1942년 다시 도일하여 아버지가 주물공장을 경영한 도쿄(東京) 아다지구(足立區)에 거주하게 되었다. 1945년 3월 10일의 도쿄대공습으로 살던 집과 공장, 학교가 모두 소실되었다. 해방을 맞아 조련 아다지지부에서 소년부장으로 활동했다. 1948년에는 슌다이상업학교특정제(駿台商業學校特定制)를 졸업하고 센슈(專修)대학 법과에 진학했다. 이후 재일조선학생동맹, 조선문화연구회(강철의 주도로 센슈대학에서 조직) 등 조직과 운동에 참여했다. 그러나 점차 큰 조직의 행태에 의문을 갖게 되면서 학생운동에서 지역활동으로 전환할 것을 결심하고, 지역사회에 공헌하는 의료사업을 제안했다. 이후 아카후도의원(赤不動醫院, 나중에 병원이 됨)의 건설과 경영을 주도하며, 한편으로 아다지조선인사회과학연구회를 조직하는 등으로 학술활동을 병행했다. 재일조선인의 법적 지위나 법률, 인권 관계 논문을 다수 집필하고, 1983년 100년 이상에 걸친 재일조선인 연표를 정리한『재일조선인사연표』를 출간하고 다시 2002년『재일한국·조선인사종합연표』를 간행했다. 그밖의 저서로는『在日朝鮮人의 인권과 일본의 법률』(雄山閣, 1994),『아다지(足立)에서 본 재일코리안형성사』(雄山閣, 2010) 등이 있다.

■ 인터뷰에 관해

강철 선생은 여전히 아다지(足立)에 거주하고 계시고, 도쿄 중심가에서 다소 먼 거리임에도 불구하고 30년간 계속하고 있는 연구회 참석 등 필요한 일이 있으면 전차를 타고 이동한다. 아다지의 자택으로 찾아가고 싶었으나 시간 관계상 도요코인의 숙소로 모시고 인터뷰를 진행했다. 이미 자전적 저서를 출판했으므로 인터뷰에서 언급한 도일 경위나 지역활동에 관한 내용은 책과 중복되는 부분이 적지 않다. 선생은 재일코리안연구소의 사업에 대해 큰 관심을 표명해 주셨다. 인터뷰시간이 다소 시간이 부족했지만 젊은 시절부터 어떤 생각을 갖고 실천에 임했는지 말씀해 주었고, 또한 필생의 역작인 『재일조선인사연표』저술과 관련된 내용을 들을 수 있었다. 그리고 이후 도서를 기증해 주셨다.

구술하고 있는 강철

■ 구술 내용

강철 저서에 관한 신문기사

Q : 반갑습니다. 멀리까지 와 주셔서 감사합니다. 신문 기사를 갖고
나오셨는데 그에 대해 말씀해 주시겠습니까?

A : 나는 몰랐는데 후쿠오카교육대학의 고바야시 도모코(小林友子)
씨가 『재일조선인사연표(在日朝鮮人史年表)』[1])에 관한 서평을 했
어요.

Q : 다나카 히로시(田中宏),[2]) 와다 하루키(和田春樹),[3]) 야마다 쇼지
(山田昭次),[4]) 이런 분들이 책을 추천하셨는데요?

A : 이 사람들은 다 나와 친한 사람들이니까요. 내가 처음에 연표를
출판하면서 기념모임을 간다회관(神田會館)에서 했지요. 연표가 아
니면 출판을 잘 안 해 줘요. 그 당시에 30년, 20년 전인가?
그 다음에 내가 법률문제, 인권문제에 대해 초판을 낼 때,[5]) 그때
도 여기 많이 모였어요. 한 200명 이상 모였죠. 예를 들면 마이니
치신문(每日新聞)에서 나온 기사에 있지요.

Q : 예 1987년이네요. 그 책이 3판까지 계속 나왔지요?

---

[1]) 강철의 『在日朝鮮人史年表』는 유잔카쿠(雄山閣)에서 1983년 간행하고, 이를 수
정, 보완하여 1996년 『在日朝鮮·韓国人史総合年表』를 간행했다.

[2]) 히토쓰바시대(一橋大) 명예교수. 정주외국인의 참정권을 주장해 왔으며 이에 관
한 다수의 논저를 발표했다.

[3]) 도쿄대학 명예교수. 역사학자이고 시민운동가이다.

[4]) 릿쿄대(立教大) 명예교수. 관동대지진 때의 조선인 학살에 관해 다수의 연구를
냈다.

[5]) 『在日朝鮮人の人権と日本の法律』(雄山閣)의 초판은 1987년이며 3판이 2006년에
나왔다.

A : 그 인권문제, 재일동포의 인권문제, 나는 몰랐는데『아다지(足立)
에서 본 재일코리안형성사』[6]에 대해서도 누가 이렇게 서평을 해
주었네요.

이 책은 그러니까 여기 내가 걸어온 역사도 써 있고, 속편을 쓸 예
정입니다만은…

속편을 쓰려고 하는데 아직 힘도 모자라고, 늘려놓으니까는 그렇
게 빨리 하기가 안 돼. 체력이 따라오지 않는 이상.

아다지의 지역성

Q : 저희에게 선생님 책도 보내 주시고, 이렇게 인터뷰에 응해 주셔서
감사합니다. 저희가 선생님 댁을 한번 찾아뵙는 게 도리이고 한번
가보고 싶기도 한데요?

A : 아다지에서 사는데 시골이라서요. 그렇게 좋은 집도 아니고…

Q : 아다지라는 지역이 이 책에서 중심이 되고 있지요?

A : 누구 얘기냐면… 하나의 살아 온 방식이 하나의 역사를 통해서,
그 반세기의 살아온 과정을, 사회가 어떤 사회에서 살아왔나 하는
것을 중심으로 해서 쓴 거지요.

그러니까 이것은 자서전이면서 자서전이 아니고, 하나의 역사로
서… 반세기 살아온 역사다, 이렇게 해버리면 역사지만 이건 재일
동포의 하나의 권리문제도 관련돼요.

권리문제이면서 하나의 재일동포의 처지가 어떤 처지에 있었나,
그래서 일본정부가 재일동포에 어떠한 것을 해왔는가, 그것이 아
주 쉽게 되어 있죠.

---

[6] 姜徹,『足立から見た在日コリアン形成史』, 雄山閣, 2010.

그래서 일본에서도 도쿄의 아
다지라 하면은 아주 빈곤한
데고, 소위 여기에 바타야(ば
た屋)[7]란 말을 썼는데, 이것
은 차별한다는 그런 말이지
요. 그래서 일본에서 차별을
한다 하면은 오사카에서는 이
마미야(今宮), 니시나리(西成),
도쿄에서 차별하면 아다지의
모토기(本木)[8]… 거기에서 살
았어.

강철 선생의 집

Q : 아다지의 모토기가 어떤 지
역인가요?

A : 거기에는 바타야가 중심이 되었고, 소위 그 차별어이지요. 그런
그 의미로 바타야란 말을 썼어. 거기에서 아버지는 공장을 했지만
은… 여기 쓰여 있는 그대론데… 거기에서 살면서 재일동포들을
쭉 보고 있고, 그러면서 재일동포에 그 위에 있는 전국적인 동포
들도 비슷한 전개를 그렇게 한다는 거지.

자기 혼자 어떻게 하자는 것이 아니라 전반적인 재일동포를 볼 적
에 아다지, 제일 빈곤한 데에서 일본에 있는 재일동포들이 어떤
가, 일본 정부는 어떻게 했는가 그걸 보자는 거지. 그런 책이야.
읽으면 다 아는 거야.

---

7) 쓰레기통이나 길에서 휴지나 폐품, 금속류 등을 수집하여 생활하는 사람이다.
8) 아다지 내의 지명이다.

Q : 아다지가 조선 사람들이 많은 데고, 총련도 좀 세력이 강하지요?

A : 조선 사람들이 많지. 총련도 그렇게 얘기도 하는데, 왜 세냐 하면, 단결심이 세니까.

Q : 혹시 그중에서 제주도 사람들이 단결성이 더 강했다고 말할 수 있을까요? 아다지에 사는 제주도 사람들은 어떻습니까?

A : 많습니다. 아다지에 제주도 사람들이 많지요. 3분의 1은 제주도 사람이지.

연표와 기록의 중요성

Q : 저희 연구팀은 5년간에 걸쳐서 '재일 100년사'를 연구하는데요, 선생님의 연표에는 120년이라고 나와 있죠.(웃음) 연구자 12명, 일본에서 한국에서 재일코리안 연구를 해왔던 분들이 들어가 계세요. 작년에는 이주와 정주, 올해는 생활과 문화를 주제로 연구합니다. 선생님의 『재일코리안형성사』를 보니까 선생님의 생애에 대해서도 연표로 만드셨잖아요. 어떻게 이렇게 자세하게 연표로 하실 수 있으셨어요? 일기를 쓰셨습니까?

A : 일기를 썼지요. 어릴 때는 쓰지 못하고, 도중에 토막토막 메모 식으로 한 것이 남아 있었죠. 어릴 때는 일기를 쓰자 하더라도 아무래도 계속 안돼요. 그러니까 토막토막 그런 것을 던지지 않고 모여 있어 그런 것들이…

재일동포의 연표를 쓰는 과정에서 일기란 것이 중요한 것이라는 것을 알았지요. 그리고 또 하나는 내가 학생일 때 조선문화연구회를 대학에서 만들었죠. 일본에서 제일 처음에 만든 것이 메이지대학에서 만들었는데, 강덕상이 와세다(早稲田)대학을 나와서 메이지대학 대학원에 있었어요. 조선문화연구회를 만들었는데 거기에 들어가서 같이…

그런데 메이지대에서 지도한 사람이 하타다 다카시(旗田巍)⁹⁾, 그 도립대학 교수지요. 그이가 우리를 데리고, 그 당시에는 조선역사에서 그분이 권위자였죠. 그 이후에 몇 사람 있었는데…

근데 우리는 학교가 센슈대학(專修大學)이라서 달라서…우리가 조선문화연구회를 만들 적에는 돈도 없고, 후원하는 사람도 없고, 무엇을 만들었냐.(웃음) 그건 이념…연구회를 만들어서 무슨 연구를 하냐는 목적과 이념…

그런데 내가 일제시대에 어릴 때, 우에노역(上野驛) 거기에서 고향에서 일본에 끌려오는 사람들도 있고, 저 멀리 동북지방으로 데리고 가는 그 모습을 본 적이 있어. 거기에서 그 생각이 났지. 그 사람들은 지금 어떻게 하고 있을가? 그래서 동북지방에 가서 실태조사를 할 필요가 있다, 그런 것으로 출발하면서 그때부터 조선인문제, 재일동포문제를 쓰기 시작했지요.

Q : 그럼 그때가 19살, 20살 때 아닙니까?

A : 네 20대죠. 그때는 학생운동도 했으니까. 학생운동을 했으니까 이런 문제에 대해 쓸 수가 있었죠. 학생운동을 안했으면 이런 문제를 쓸 수 없죠.

Q : 한국에서 학생운동을 한 사람들도 이렇게 기록을 많이 하지는 않았다고 생각되는데요.(웃음)

A : 한국은 학생운동을 아주 지나치게 했는데, 일본에서는 그렇게 지나치게 안했죠.(웃음)

---

⁹⁾ 1908~1994. 역사학자이다.

아다지에 자리 잡기까지

Q : 선생님의 아버님이 굉장히 일찍 일본에 가셨고, 선생님은 이시카
    와현(石川縣)에서 태어나셨잖아요. 아버님과 어머님이 1920년대
    에 가셨죠?

A : 그렇죠. 오사카로 먼저 가셨지요.

　처음에는 우리 아버지가, 그러니까 할아버지가 7남매인가 8남매
인가 있었어요. 거기에서 우리 할머니가 세상을 떠나가니까, 아버
지가 7남매인가 8남매하고 같이 생활해 나가야 되니까요.

아버지는 거기서 반대해서 너무 반항을 하니까, 할아버지가 우리
아버지를 어디 친척의 집안 다른 동네 거기 양자로 보냈어. 양자
로 가니까 거기서도 맞지 않으니까, 거기에 맞지 않아서 돌아오니
까 할아버지가 제주도에 저 뒤쪽에 한라산 뒤쪽에 있는, 그 당시
에 일본과 처음으로 건축 관계를 하는 그런 공장에 소개해 줬어
요.

거기서 대목(大木)[10] 그런 걸로… 그런 공장에서 몇 년간 기술을
배워나갔지. 그때 일본에서는 식민지에 있는 그 헐은 임금을 봐서
데리고 갔지. 싼 노동자로 데리고 간 거지. 그런 시기였으니까.
기술을 조금 갖고 있으니까, 그리고 일본말도 일본사람도 조금 만
나고 했으니까… 어느 정도 되고 하니까, 오사카로 가면 돈벌이를
할 수 있겠다 싶어서 그 사람들과 같이 오사카에 갔지요.

Q : 오사카에서 지금 선생님에게 가장 중요한 아다지로 간 계기는 어
    떻게 되는 거죠?

A : 아, 계기는 그 오사카였는데, 오사카에서 오래 하다가 대목도 했

---

10) 집짓는 목수이다.

는데, 도코바시라(床柱)[11]를 하면 더
돈벌이가 된다 해서. '도코바시라'라
고 하는 것은 그 당시에는, 지금은
과학적으로 만들지만, 그 당시에는
산에 가서 진짜로 나무를 끊어서 하
니까, 도코바시라 하나가 굉장히 비
쌌죠. 그러니까 그걸 하면 돈벌이가
되겠다 해서, 그걸 하기 위해서 처음
에 돗도리(鳥取)에 가고, 시모노세키
(下關)인가? 아니…이시카와(石川)에
갔지요. 산을 중심으로 해서 갔죠.

강철 선생의 집 문패

어느 정도 돈이 되니까 아버지가 오기 전에 결혼하고 왔어…제주
도에 가서 어머니를 데리고 와서 그때부터 일본에서 살게 되었죠.
그래서 이시카와에 있는 아버지한테 온 거죠.

내가 어렸을 적에, 할아버지가 거기 소학교가 있는데, '거기에 가
서 공부를, 민족교육을 받아야 된다. 그러지 않으면 일본 사람이
된다.' 그래서 실제 일본에 있는 사람들은 우리말을 몰라서 다 일
본 사람처럼 되어 버렸죠. 말이 통하지 않으니까. 그렇게 했지만
나는 거기에서 소학교를 졸업해서, 그 해에 일본 올 적에, 아버지
는 벌써 도코바시라, 그 대목관계를 그만두고, 그렇게 해서 일부
러 공장을 하기 위해서 도쿄에 왔어.

그래서 나를 일본에 부르기 위해 도쿄에 온 거야. 그 도쿄에서도
아주 하층이라는 여기 모토기의 바타야, 제일 하층으로. 왜 거기
갔냐 하면, 아는 사람도 없고, 거기 가면 밥도 헐고[12] 거기서는 공

---

11) 마루 옆쪽에 세우는 기둥이다.
12) 값이 싸다는 뜻이다.

장을 할 수 있으니까. 공장은 어느 장소에서나 할 수 있으니까, 거기서 공장을 만들었어… 그것이 처음이지.

Q : 네, 그 공장에서 뭘 만들었지요?

A : 공장에서 수도(水道) 코크[13]를 만들었지. 일제시대, 전쟁시대에는 그것을 해군들의 군함에, 배 하나에 몇 천 개가 필요한 거지. 그런 것들을 만들고… 일제시대에는 군수품을 만들었어. 그것도 다 이 책에 있어. 그러니까 하나도 숨김이 없이 썼지.

그것이 있으니까 해방 후에 조선전쟁을 할 적에 그것이, 그거 하면 돈벌이가 되는 걸 알지만은 그것을 안 하도록, 그래서 못하게 했죠. 그것도 다 기록에 남았어. 그 이유가 거기에 있었지.

그 '죽음의 상인(死ぬ商人)'라는 건 전쟁판을 이용해서… 그 무기 같은 거, 무기 되는 것을 팔아먹는 사람이 아주 나쁜 사람들이지. 그것은 두 번해서는 안 된다 해서 아버지에게 반대 한 거야. 조선전쟁시기에는 그것을 안했지. 그래서 주변에서는 10억을 벌었다, 얼마를 벌었다는 소문이 있어서 그걸 못하게 했지.

젊은 시절의 조선인연맹 활동

Q : 아버지와 할아버지가 민족의식이 굉장히 투철하신 분이었던 거 같아요.

A : 그렇죠. 그것은 여기에도 썼습니다만…

Q : 네. 그리고 조련 활동도 하셨죠? 선생님이 16살, 17살밖에 안 되었을 때인데 조선인연맹 활동을 하셨죠?

---

13) 수도나 가스 등의 관에 붙여 개폐와 수량 조절에 사용하는 간단한 뚜껑이다.

A : 조선인연맹에서 나는 소년부장을 했어요. 그리고 비판을 했어요. 거기에는 여러 가지 사정이 있었죠. 그렇게 해서 거기에 이름만 썼는데, 뭐 활동을 한다 해도 그 당시에는 소년이, 내가 열여섯 살이었는데, 청년들을 모아서 조직을 했죠. 거기에서 연맹을 비판을 했죠. 그것이 문제가 돼서 여러 가지 얘기가 있었지요.

Q : 어떻게 비판하셨어요?

A : 나는 청년들 한 20명을 모아서 청년연성회를 만들어서 학교, 조선학교가 된 그것을 빌려서 거기서 역사나 우리말 그런 것을 공부를 했는데요. 아다지 청년연성회는 어떤 목적이냐 하면, 청년으로써 자기나라 말과 역사를 알아야 한다. 또 신체도 단련하기 위해서 축구를 시작하고…

그렇게 했는데 일주일에 한번 토론회가 열릴 적에, 토론회에서 연맹이 뭐 폭력으로 해결하자고 한다, 그건 뭐 틀렸다고, 그렇게 트집이 있었어요. 그것이 문제가 되어서 내가 두들겨 맞았죠. 내가 그 때문에 굉장히 우리 부모님께도 두들겨 맞고 여러 가지 있었어…

그래서 갑자기 결국 타협으로 내가 그 단체를 해산을 하고 연맹에 가서 내가 소년이니까 소년부장으로서 그것을 받아들였죠.

아카후도(赤不動) 병원 설립의 배경

Q : 선생님께서 그 아카후도 병원에 대한 아이디어도 내셨는데요. 그 아다지에 조선 사람이 많은데 의료가 불충분하다 이러한 이유에 서이신가요?

A : 예. 그 당시에는 의료 병원이라는 것이 일본 사람을 포함해서 일본 전후에는 일본에서도 의사들도 그렇게 없었고, 그리고 우리 동

포로서도, 통계에도 나타나지만, 일본 전국적으로 몇 명 없었습니다. 근데 특히나 동포들은 생활이 곤란했죠.

그러니까 사람들이 다 병원 의사들에게 갈 수도 없고, 그래서 어디 약국에 가서 타서 먹다가 다 폐렴으로 죽는다든지 하고… 그래서 의료원을 어떻게 해서 살려야 한다고… 그 전에 자기가 그 목적이 이념이 뭣이냐면 학생운동을 할 때는 그것은 동포들의 권리를 지키기 위해서 했고, 민족을 지키기 위해서 했는데, 학생운동이 끝난 다음에 내가 사회에 나가서 무엇을 해야 되는가…

일본 대학을 졸업해서 일본 회사에 들어갈 수 없고 일본은 뭐 국가자격증도 받을 것도 안주고. 그 재류권(在留權)이라는 것이 있었는데, 재류권을 준 것은 한일조약이 맺어진 1965년이지요. 그쯤에 법적으로 한국 국적을 가진 사람만 재류권을 줬지. 재류권을 준다는 것은 무슨 얘기냐 하면 국민보험법, 병원에 가기 위한 국민 보험을 가지게 해서 그렇게 하면은 생활 유지를 할 수 있고, 그런 게 있고요.

그리고 또 하나는 그 당시에 강제추방을 하려고 했지. 일본에서 전국적으로 그것을 재류권이 있는 사람은 일본에 재류권이 있으니까 강제 추방이 안 되는 거야. 재류권이 없는, 보통 본래가 일본은 우리가 해방될 적에는 그 뒷날부터도 일본 국적이었어요. 그래서 여기에 쓴 바가 있지요. 일본 국적, 그러니까 해방은 되었는데 일본 법률에서는 일본 국적이야. 조선 국적으로 쓸 적에는 외국인 등록법이라는 것을 만들 적에 일단 조선이라는 국적을 만들어서 그것으로 했지만, 그건 국적이 아니라 부호(符號), 부호로서 한 거고, 출발이 그거지요.

그러나 일본에 있는 재류권을 안 준다, 그래서 강제추방문제도 여기 정리돼 있어. 강제추방반대운동도 했는데, 우리는 그런 권리투

강철 선생이 운영하였던 병원 자리

쟁을 쭉 해. 그렇게 해서 학생운동을 아까 그만두고, 사회 나갈 적에 자기가 어떻게 살아나가면 되느냐, 자기를 위해서 사느냐, 동포를 위해서 사는가? 동포를 위해 사는 것은 뭔가? 그런 것을 다 염두에 두면서 지역에 봉사하는 그런 삶은 뭔가? 돈이 없는데 어떻게 하는가?

그러다가 선배들이 하는 독서회에 참가 했는데, 거기에서 안(案)을 내고, 또 여러 사람의 출자를 받아서, 한 사람의 힘이 아니라 여러 사람의 힘을 받아서, 그래서 하나의 병원을, 진료소를 만들었지요, 그게 출발입니다.

그것은 돈 벌려는 목적이 아니었고, 사회에 어떻게 자기가 산 보람이라고 할까? 그것이 목적이었습니다. 인생이고 사람이고 목적이 뭐냐, 사회에… 사실 인간이라는 것이 자기를 위해 사는 것이 아니라 사회적 존재니까, 그런 사회적 존재라는 것은 혼자만은 살수 없는 것이니까, 사회에서 비로소 사람이 살아나갈 수 있는 것이지.
지금 늙어서 고독하면, 고독해서 아무도 없어서 고독하면은, 자기
만 있으면 그러면 살수 없어. 그럼 일본에서도 고독해서 죽은 사
람이 많아요. 그러니까 사람의 본성이라는 것이 사회적 존재이니
까. 그런 의미에서 사회에 보답을 해야 한다. 여기에서 병원에 대
한 안을 낸 거지.

총련과의 관련

Q : 근데 한덕수(韓德銖) 씨가 총련을 만들면서 논문을 썼는데요.[14]
그 논문에 관해 토론회를 했다고 하셨는데, 선생님은 그 이후까지
도 한덕수 씨와도 관계가 있으십니까?

A : 내가 한덕수를 개인적으로 만난 적은 없는데. 한덕수 논문, 그것
은 저 민전(民戰)이란 것, 그 조련이 강제해산을 당하지 않았습니
까? 강제해산을 당한 이후에 단체가 없었어요. 그렇게 해서 거기
에 젊은 세대들이 좌경으로 가는, 그렇게 하는 속에서 일본공산당
이 일제시대 때부터 노동운동을 하면서 사람들을 지도를 했죠. 연
맹을 해산한 다음에도 일본공산당이 지도를 하고, 그 청년들이 거
기에 흘러갔죠. 근데 민전이라는 조직이 됐는데, 민전 조직이 될
적에도 민전은 재일동포의 권리를 위한 단체로써 출발을 했는데
그 일본공산당 지도를 받거든.

그렇게 해서 거기에서, 어떠한 지도를 받았나 했냐면 반미, 반재
군비(反再軍費), 반요시다(反吉田茂)[15] 그런 삼반투쟁(三反鬪爭)

---

[14] 韓德銖, 「在日朝鮮人運動の路線転換について」(1955)를 말함. 강철은 이 논문과
총련의 결성에 대해 지지하는 입장이었고, 아다지 조선인사회과학연구회에서
이 논문에 관해 토론회를 개최했다.

[15] 요시다 시게루(吉田茂) 정권에 반대한다는 의미이다.

이라는 것이 있었는데… 그런데 우리는 일본사람이 아닌데 왜 이승만이를 반대하는 반리(反李)를 안 하냐 하는 것이지, 그러면 사반투쟁(四反鬪爭)이지.(웃음)

그러면 일본공산당이 '그런 건 민족주의'라고. 그렇게 해서 그럴 때 그 속에서 한덕수도 민족을 주장했죠. 그래서 한덕수가 결국은 일본공산당을 반대해서 총련이라는 것은 전부 총화하는 사람들이 모이는 그런 하나의 단체를 만든 것이지. 한덕수가 한 것이지.

Q : 그래서 총련에 속하셨지요? 그런데 주로 활동하신 것은 과학자협회가 아닙니까?

A : 아, 상공회, 그 상공회에서 사업을 하다가, 거기에 이사장을 그만둔 다음에 과학자협회를 했지. 상공회를 왜 그랬냐면 아다지 지역에서 상공회가 허물어질 때, 허물어지면 아다지에서 동포 상공인들이 절단 나면 동포들도 절단나지. 그러니까 상공회를 함으로서 그걸… 거기에 집중했지.

Q : 근데 거기에 상공회에는 조금 돈 있는 사람들도 있었죠?

A : 돈 있는 사람들, 장사하는 사람들 단체이지요. 근데 그 사람들의 종업원들도 거의 우리 동포들이예요. 그러니까 상공회가 부숴지면… 우리 동포들도 다 생각 못하지.

아카후도 병원의 도산

Q : 그렇다면 병원이 작고 경영도 어렵고, 그리고 또 선생님이 의과 전문이 아니신데요. 선생님 형제나 가족들은 전부 아다지에 사셨나요?

A : 많지는 않았지만. 뭐 동생 둘이 있었고요.

Q : 그러면 가족들 생계는 그러면 주로 어떤 식으로 하셨나요?

A : 가족들은 같이 살았죠.

Q : 같이 사셨으면… 돈벌이는 그러면, 선생님이 의료병원에 열심히
하실 때 그때 돈벌이는 주로 어떤 것이었습니까?

A : 돈벌이가 없었죠. 거기에 모든 것을, 모든 힘을 들인 것이니까요.

Q : 병원에 상당히 오랫동안 관여를 하셨는데 참 어려움이 많으셨겠
어요.

A : 오래 했습니다. 그 책 속편을 쓰는데 그 문제도 관련해서… 문세
광(文世光) 사건 때문에 병원 일도 도산을 했는데. 그런데 문세광
사건으로 왜 병원이 도산을 했느냐 하면은, 경시청에서 병원에 대
해 수사가 나오고, 주간지 신문 보도에서, 텔레비전에서 문세광이
갔으니 아카후도 병원이 아주 무서운 병원이라고 그렇게 얘기가
나고 그러니까, 환자들도 안 오게 되고 거기에서 일하는 사람들도
자기 그 가족들이 취직할 때 곤란하다는 거야. 그래서 그만 두라.
경영이 안 되었지요.
그렇게 해서 도산을 했지요. 도산을 한 다음에 새로운 출발을 하
는 시점에서 여러 가지 일들이 있었고, 거기에 또 조직적으로 병
원을 개조시킨다 그렇게 하는데 그런 과정에서 여러 가지 것들과
대립도 있었고.
그런 문제를 속편에서, 그런 문제들을 포함해서 여러 가지 쓸 예
정인데. 구상을 하고 있는 중이지요. 늙어서 아직 손 안대고 있지.

Q : 문세광을 만나신 적은 있어요?

A : 없어요. 없는데 나만 그런 일을 당했죠. 들어올 적에는 가와카미

유지(川上勇治)라는 이름이어서 문세광이라는 것은 당연히 아무도 몰랐지요. 가마카미 유지라는 사람을 입원시킨 거지요.[16] 입원시킨 것도, 내가 경영자라서, 입원하는 사람을 내가 진찰하는 것도 아니고, 의사가 진찰하는 거고 의사가 입원시킨 것이죠. 허나 결국은 나에게 모든 책임이 왔지. 책임자니까.

연구활동에 관해

Q : 이렇게 연표 준비하는데 시간 정말 많이 걸리셨을 것으로 생각되는데요. 자료들은 어떻게 다 모으시고요? 정말 혼자서 하셨습니까?

A : 혼자 했지. 10몇 년이 걸렸지요. 제일 처음 연표가 10년 걸렸는데, 그 다음에 계속 10년, 15년, 이 연표란 것이 상당히 힘든 일이야.

Q : 선생님은 법을 전공하시고, 경제학도 공부하시고요.

A : 법률은 인권문제가 중심이지요. 일본에서 지금은 그런 차별들이 없는데, 우리 시대에는 차별이 굉장히 심해서, 그래서 일본의 자그마한 회사도 우리 같은 외국인들을 안 썼죠. 그래서 변호사도 자격을 안 줬어요. 김경득(金敬得)[17]이 변호사 제1호인데, 그 일을 할 적에 재판을 해야 해. 근데 그 다나카 히로시 씨가 많이 옆에서 힘을 썼죠. 그리고 공인회계사도, 변호사 자격을 주니까 공인회계사도 인정해 줬어.

처음으로 우리 동포들도 그 국가 자격을 얻을 수 있어서, 그때부터는 변호사도 나오고 공인회계사도 나오고… 민단 중앙단장을

---

16) 문세광은 1974년 2월 11일 위통을 호소하며 아카후도병원에 입원했고, 이후 같은 해 8월 15일에 서울에서 '문세광사건'을 일으켰다.

17) 일본 최초로 외국인 사법연수생이 된 재일동포 변호사로 인권운동에 앞장섰다.

한 윤달용(尹達鏞)이 공인회계사 1호지. 우리 같은 학교인데, 3년 선배입니다.

차별이 하나하나 권리 투쟁을 해서 없어진 거야. 그것을 그대로 내버려 두면 지금도 안 돼. '다 귀화해서 일본사람들이 되면 무슨 자격을 얻을 수 있지 않느냐?' 그 말은 그 당시에 보통 일본 사람들이 했거든, 지금 젊은 사람들은 그걸 몰라.

그래서 귀화라는 문제가 그렇게 신중한 문제라고 생각을 안 하고 있었고, 지금도 그렇고. 그래서 취직에 조금 차별이 있으면 일본 사람으로 귀화하고… 우리 시대는 절대로 용서할 수도 없는 일이고요.

그런 시대에 따른 민족주의라는 것이 시대의 흐름에서 낡은 거라는 그런 생각을 젊은이들은 요즘 가지고 있죠. 내가 아는 자옥화라는 사람 딸이 쓴, 아사히신문사에서 출판한 책이 있는데, '일본 안에서만이 아니라 아시아를 포함해서 넓게 봐야 한다.' 그건 민족이라는 것이 무엇이냐 하는 문제가 되고, 민족을 넘어서 그 나라 국적을 가져도 되지 않나 하는 전개가 되지. 요즘에는 그런 분위기가 많이 있죠.

Q : 선생님이 연표를 만드시기 위해서 옛날 자료도 뒤지고 그러셨을 텐데 주로 어떤 방식으로 하셨나요?
A : 그건 도서관을 많이 이용했죠. 국회도서관.

Q : 하나 하나 작은 글씨, 글씨 작은 거 신문도 찾고 그러셨겠네요.
A : 신문도 물론 여러 가지… 그런 것을 하느라 시간이 들었죠.

Q : 돈도 많이 들지 않습니까? 복사도 하고.

A : 복사도 하고 돈이 들었죠.

Q : 그럼 그러한 자료들을 선생님 댁에 가지고 계십니까?

A : 집에 그것을 반 정도 정리해 뒀어요. 책이 미어져나가서.(웃음) 책이라는 것이 상당히 무게가 있어서. 우리 집 방을 정리해도 책이 아직 많이 있습니다. 나도 자료를 찾자 해도 힘듭니다. 늙은 사람이니 자료를 찾는 것이 상당히 힘든데 체력이 따라주지 않으니까. 그러니까 정리를 하고, 두 번 정리를 했습니다.

Q : 아마가사키에 윤용길 선생님이 하신 금수문고라고 있었는데요. 윤 선생님과 박종명 선생님 그분들이 자료 2만 3천권을 저희 학교에 기증해 주셔서 금수문고가 청암대학에 새로 마련되었습니다.

A : 금수문고면 그 고베에 있던 거, 알지요. 거기 책임자가?

구술 중인 강철

Q : 박종명 선생님. 네 고대사 하시는 분이지요.

A : 아 박종명 아는데. 박종명, 그 선생 압니다. 그 선생도 오래 안 만 났는데, 어떻게 지금 사시는지? 그 선생도 저 이름 나오면 알 것입 니다.

Q : 과학자협회나 이런 데서 만난 분들 중에 지금까지 교류하시는 분 들 계세요?

A : 많이 있죠. 지금은 노인 모임들.(웃음) 그런 모임들이 있으니까… 그래도 뭐, 1년에 한두 번 만나나 그 정도… 다들 밖에 나가는 거 싫어하고.

Q : 이와나미서점(岩波書店)의 히라타 겐이치(平田賢一) 선생님이 선 생님을 잘 아신다고 하셨어요. 선생님과 같이 연구회를 하신다고 들었는데요.

A : 한 달에 한번 만나는 작은 모임이 있습니다. 다나카 히로시, 호세 이대학(法政大學)의 다카야나기 도시오(高柳俊男), 우쓰미 아이코 (內海愛子) 씨, 또 오규상, 히라타, 나, 지금 여섯이 하지요. 그런 데 우쓰미 아이코 선생은 가정에 불행이 있어서, 남편이 세상을 떠나서 오늘 모임에는 오지 않고 다른 사람이 대리로 왔습니다.

Q : 연구회는 오래 하셨어요?

A : 약 30년 가까이 됩니다. 오자와 유사쿠(小澤有作)[18]… 다나카 히 로시가 제일 처음입니다. 그런데 가지무라 히데키, 그이도 세상 떠났습니다만, 그이와 다나카 히로시, 내가 제일 처음 시작했습니

---

18) 1932~2001. 도쿄대 명예교수. 『재일조선인 교육의 역사』를 집필했다.

다. 30년이지요. 아이구, 그이도 죽어버리고 오자와도 죽고…

Q : 그럼 그 연구회 이름이 뭡니까?
A : 그 모임 이름은 '강철의 회' 이렇게 하려다가.(웃음) 내 이름을 붙여서 '그건 안 된다'고 했지.

한국과의 왕래

Q : 선생님은 오사카경법대(大阪經法大) 교수라는 직함으로 2002년에 한국학중앙연구원에 오셨지요? 선생님은 어떤 관계로 도쿄에 사시면서 오사카까지 가셨어요?
A : 오사카에는 1년에 몇 번씩 갔지요. 오사카 경법대 아시아연구소에서 교수로 있었고, 강의는 나는 안했습니다.
　태평양연구센터를 도쿄에서 만들 적에 아시아연구소를 그만 둬서 태평양센터로 통합을 하도록 해서, 그래서 연구소를 그만두고 태평양센터 교수를 했습니다. 태평양센터에 자주 다녔어요.

Q : 2002년 선생님은 한국정신문화연구원에서 재일동포의 인권과 법률문제에 관해 발표하셨는데요, 그때 선생님은 한국에 처음 오셨다고 하셨지요?
A : 처음이지요. 그 한국정신문화연구원에 갔지요. 내가 일본에 와서 해외에 나간 것이 처음에는 중국입니다. 중국 북경대학. 거기에서 국제학회가 있어서 거기서 고려학회 회원으로서 초대를 받아서 가서, 거기에서 처음으로 발표를 했지. 그것이 일본에서 해외에 나간 게 처음이지. 그전에는 안 나가 봤지.

Q : 어렵잖아요. 나가는 게, 어려우셨죠?

A : 여행 비자가 아니고 증명서가 나오는데. 나는 제주도가 고향이지 만 제주도 못 가보고, 이북도 못 가보고. 일본 밖에는 안 나갔는 데, 중국에는 처음으로 가서 거기로부터 시작입니다.

Q : 그 후로는 한국에는 몇 번 가셨습니까?
A : 세 번.

Q : 제주도는 가셨습니까?
A : 제주도 가면은 성묘를 하지요.

Q : 2002년 한국학중앙연구원에서 선생님이 머리가 아파서 병원에 가 셨을 때, 선생님 친척, 젊은 여자분이 병원에 오시지 않았습니까?
A : 우리 조카.

Q : 예. 그분 얘기가 1970년대에는 친척들이 일본에 가서 선생님을 만 나고 나면 안기부가 한 달 동안 쫓아다녔다는 그런 얘기를 했어요.
A : 우리는 모르는데.(웃음) 병원에 갈 때는 머리도 아프고 허리고 아 프고 막 여기저기 아팠죠. 근데 내가 처음으로 한국에 갈 적에 검 은 양복 입은 이가 비행장 밖에 나가기 전에 오라고 해서 거기 가 서 두 시간이나 있었지요. '어째서 지금 한국에 왔느냐. 무슨 목적 으로?' 같은 말을 계속 하는 거야. 초대장을 받고 왔는데.
그날 일요일이니까 연락이 안 되니까 초대장에 대해서 가짜로 생 각하는 거 같더라고. 그렇게 해서 '그러면 난 돌아간다. 도쿄로 돌 아간다.'고 그러니까 아이고, 조금 기다리시라고, 아니라고 두 시 간이나 놔 두고… 공항에서 친척들도 마중 왔다가 '일이 생겼다'고 돌아가는 바람에 그러고 말았죠. 내가 나쁜 일 한 거 아무것도 없

는데. 그 시대는 그런 거 같아요.(웃음)

재일코리안형성사의 속편

Q : 선생님은 돈을 많이 버시지 못하셨잖아요.

A : 목적이 그게 아니니까요.

Q : 그럼 형제분들 중에는 다른 사업하신 분이 계신가요?

A : 없죠.

Q : 지금 형제분들이 다 계십니까?

A : 도쿄에 형제 둘이 있죠.

Q : 근데 북송할 때 가족분들 중에는 간 분은 없으세요?

A : 우리 가족 중에는 없는데 조카가 있지. 조카가 고등학교 2학년 때 학교로 바로 갔는데. 거기서 의사가 되었다고. 이 귀국 문제는 너무 여러 가지 문제가 있어서, 속편을 쓰게 되면 그 문제도 관련해서.(웃음)

Q : 아까 속편에서 쓰겠다고 말씀하신 것들이 병원, 진료소를 운영하면서 여러 가지 어려우신 점 그런 것에 대해서도, 그리고 귀국문제에 대해서도 좀 더 할 말씀이 있으시다는 의미시지요?

A : 재일동포가 지금까지 해방 되서 67년, 68년 그 동안에 굉장한 일을 많이 했고, 그러한 사정도 많이 있었는데, 지역을 그렇게 구체적으로 쓴 데가 없습니다. 왜 그러냐면 모르니까. 다 죽어버리고 살아있다고 하더라도 정말 그런 어떻게 했는지를 모르는 거야. 그러니까 이 책은 지역사람들과 그 지역을 중심으로 일본 전체가

어떠한 모양이었는가 하는 것을 보여 주지요.

임광철(林光澈)에 관해

Q : 선생님은 해방 맞으실 때 도쿄에 계셨다고 들었는데, 해방의 느낌
   은 어떠셨어요?

A : 그 해방하는 해 3월 열흘날에 우리 사는 지역의 공장이나 주택이
   나 학교나 다 타버렸죠. 내가 직격 폭탄을 받았죠. 그것이 도쿄 공
   습 때. 큰 공습으로 한 십만 명이 죽었다고 한 날, 그때는 나도 피
   해 다녔지. 소이탄(燒夷彈)이라는 것이 피난하는 그 앞에서 그게
   떨어졌지.

   8월 15일 날에는 집, 아다지에 있었는데… 처음에는 어떻게 생각
   을 했냐 하면 일본대지진, 관동지진 때 조선 사람들이 학살을 당했
   는데, 이번에도 그렇게 되지 않을까 걱정을 했지요. 그렇게 해서
   누이동생에게 밖에 나가지 말라 하고, 소식을 알아보라고 하고.
   또 그 시대에는 협화회(協和會)라는 것이 있어. 협화회는 보도(輔
   導) 훈련 요원들이 간첩 아닙니까, 특고 경찰이야. 그 사람들이 어
   떤 움직임을 하는지, 그것도 우리가 봐야 하지요.
   하나는 행방불명이고, 하나는 일본 군대 칼을 가져서 자기가 어떻
   게 당하는가, 그 사람도 경계했고. 그렇게 하다가 동포들이 '아 해
   봐야겠다. 조선독립만세!' 이런 말만 하고 있고. 만세만 불러 봐야
   아무것도 아니죠. 일본사람들이 어떻게 나오느냐 그것도 모르고
   그렇게 할 적에 조선인연맹이 빨리 조직되었습니다.
   그 연맹이라는 것은 일본에 오래 살자 하는 것이 목적이 아니라 일
   본에 있는 동포, 230만 그 동포들을 다 고향으로 보낸다는 것이 목
   적이야. 그러나 230만 명을 보내는데 거기에 1년, 2년 해도 안 되는
   걸 아니까. 배 한 번 싣는데, 1,000명을 실어서 간다 하더라도 매일

1,000명을 해야죠. 한 달이면 3만 명밖에 안 되지 않습니까? 그래서 1년이 가도 안 되죠. 그래서 그동안 생활을 해야 되죠. 또 자기 고향에 가면 우리말도 어떻게 통해야 되니까 학교도 만들어야 되고, 그런 문제들을 연맹에서 여러 큰일들을 했죠.

Q : 그러면 그때 연맹에서 같이 활동하셨던 분들 중에서 기억하는 분들이 계세요? 조련에서.

A : 지금 살아있는 사람 없습니다.

Q : 임광철(林光澈)[19] 선생님 혹시 아세요?

A : 임광철에 대해서는 책에 쓰여 있어요. 그 아다지에서 나하고 친하고… 임광철이가 저쪽에 간 후에, 부인이 일본 아주머니인데, 어린아이도 있었고. 그래서 생활이 곤란하니까 내가 병원을 할 적에 우리 병원, 분원서 치과의사를 경영했습니다. 그래서 내가 많이 도와 줬죠. 내가 병원을 할 적에, 아카후도 진료소를 할 적에, 우리 분원에서 치과를 했지. 같은 내과를 하면 맞지 않고, 치과를 하면 뭔가 협력을 할 수 있다고 해서.

Q : 그럼 임광철 선생님 자녀분들은 여기 살아 계세요?

A : 아니, 자기 남편을 따라서 한 몇 년 후에 갔지. 왜 그러냐면 치과가 경영이 잘 안 되었어. 몇 년 후에 아예 같이 임광철이가 간 후에 아이들도 있고. 아이는 둘이니까. 딸 둘.

Q : 임광철 선생님 책도 보셨어요?

---

[19] 도쿄조선중고급학교 초대 교장이며 역사학자. 1949년 『朝鮮歷史讀本』이라는 책을 냈다.

A : 그 역사, 조선사회사, 이조정치사. 조선철학사인가? 아닌가? 지금
생각이 안나.

내가 놀러갔다가 책 빌려다가 보고. 두 번째 가니 책을 안 빌려
줘. 왜 안 빌려주나 하면 책 빌려가서 돌아오는 바가 없다고.(웃
음) 그게 그렇게 빌릴 때 책을 빌려다가 안돌려 주지. 귀중하니까.

Q : 임광철 씨가 학도병으로 가셨습니까?
A : 장교로 갔지.

Q : 그분이 북한 간 이후로는 말씀 들으신 적 없습니까?
A : 전혀 소식이 없어요. 총련을 결성할 적에 한덕수 논문으로 토론을
할 적에 임광철을 불렀지. 그래서 거기에서 한덕수 논문을 지지하
면서 총련을 결성할 역원을 소개 받았습니다. 지금 총련, 총련 조
직이 저렇게 될지 몰랐는데. 처음에는 안 그랬지. 아주 민주적인
중앙집권을 했습니다. 중간에 한덕수가 개인독재를 했죠.

강철 선생 부부와 함께

앞장 서 획득한 재일코리안의 각종 권리

- 이름 : 서용달
- 구술일자 : 2013년 2월 23일
- 구술장소 : 나라시 서용달 자택
- 구술시간 : 2시간
- 구술면담자 : 동선희, 김인덕
- 촬영 및 녹음 : 성주현

■ 서용달(徐龍達)

1933년 부산 출생이다. 1942년 일본에 건너가 45년 오사카 대공습(大阪大空襲)에서 피재(被災), 고베대학(神戸大學)대학원 경영학연구과 박사 과정을 수료했다. 1963년 외국인으로서는 일본 최초로 모모야마가쿠인대학(桃山學院大學) 전임강사가 되었고, 1971년에는 동 대학에서 교수(일본 외국인 최초)가 되었다. 동 대학의 도서관장과 경영대학장 초대 인권위원장 등을 역임했다. 1956년 대학 4학년 때 오사카(大阪)에서 재일한국장학회를 설립하여 58년 이상 운영하면서 취학이 곤란한 재일한인대학생에 대한 장학금 지급에 노력했고, 일본 국공립대학 외국인 교수 채용법을 획득(1982년), 재일동포를 비롯한 정주외국인(定住外国人)의 권리 향상과 지방참정권 획득에 관한 주장을 계속해 왔다. 외국 학술교류로서는 Frankfurt대학, Wien대학, London대학의 객원교수 등을 역임했다. 표창 : 국민훈장 모란장, KBS 해외 동포상, 재외동포재단 유공 동포 공로상, 한국예술원장 감사장 등 수상 다수.

■ 인터뷰에 관해

본 인터뷰는 나라(奈良)에 있는 서용달 선생의 자택에서 진행되었다. 선생은 자신의 저서와 신문 기사 등 각종 자료를 가지런히 꺼내놓고 기다리고 계셨다. 자료들 가운데에는 해방 직후 재일본조선인연맹에 참여했던 부친 서성만(徐成萬) 선생의 관련 자료도 포함되어 있었다. 인터뷰 내용은 최근 근황에 관한 애기부터 시작하여 부친 관련 내용, 선생의 도일 경위, 학창시절, 그리고 학자로서의 학문적 활동, 장학재단 관련 활동, 인권운동과 참정권운동에 대한 생각 등에 주안점을 두어 진행되었다.

■ 구술 내용

요즘 하는 일

Q : 인터뷰에 응해 주셔서 감사합니다. 요즘도 바쁘시지요?

A : 저도 일본 온 지 70여 년이나 되니까 우리말이 서툴고 뜻을 모르는 점도 있지만 그 점은 내용적으로 이해해 주시면 감사하겠습니다.(웃음)

요즘은 한국학중앙연구원의 지원을 받게 되어 중국, 일본, 우리나라의 옛날 회계기록에 대해 연구합니다. 경제사를 하는 전성호(全成昊) 교수와 함께 하는데 독일 프랑크푸르트대학에서 공부한 일이 있지요. 그래서 그분과 인연이 되어서 작년부터 시작하여 2년에 걸쳐 연구하는데, 지금 그 연구 바람에 복잡합니다.

저하고 동경대 어느 교수하고 일본 쪽 대표이고, 일본 고유의 부기(簿記)라고 할까, 장사꾼들이 기록한 것… 옛날 고베대학에서 나를 지도한 야마시타카츠지(山下勝治)교수가 발표한 논문이 있어요. 그걸 보고 옛날에 동해 쪽에 있는 시마네현(島根縣), 돗도리현(鳥取縣)에서 철공이 발달해서 상당히 명소가 되었지요. 왜 그쪽에서 발달했나 하면 우리나라 쪽에서 기술자들이 왔거든요, 옛날에. 그 역사를 공부한다고 3월 중순에는 시마네와 돗토리에 가서 1주일동안 조사하려고 합니다. 전성호 교수와 서너 번 만났어요.

도일 경위

Q : 선생님이 9살 때 부산에서 오신 것으로 알고 있습니다만, 부친과 모친께서는 어떤 이유로 해서 일본에 오시게 되셨는지요?

A : 우리 어머니는 부산시 부전동에 할머니하고 같이 계셨습니다.

그리고 아버지하고 삼촌하고 왔는데, 그 아버지는 당시 부산에서 동래고보(東萊高普)를 졸업하고, 동래고보 때에도, 아시다시피 민족적인 의식이 강한 학교이기 때문에, 부산중학생이든지 일본중학생하고 서로 싸움도 하고 데모도 하고, 이런 식으로 민족적인 그런 인식이 강했습니다.

그래서 졸업한 후에 일시 부산의 신문사에 있었는데, 공부를 잘 했기 때문에 대표라고 주목 받고, 또 부산에서는 우리집의 땅을 팔고 청년학교 야학도 만들고 했기 때문에, 자꾸 형사들이 따라다니는 것이 싫어서, 오사카에 와서 오히려 편하게 되었다고 합니다.

그래서 오사카에 와서 생활상 여러 가지 일을 많이 했는데, 재정적으로 해방 때는 철공소, 천일공업제작소(天一工業製作所) 라고 합니다… 오사카 나니와구(浪速區), 지금 난바(難波)라는 중심부에 가까운 데서 일을 하고 있었습니다. 그 바람에 저도 일본에서 공부할 목적으로 1942년에 4학년 때, 우리 삼촌이 데리러 와서 오사카에 와서 살게 되었습니다.

Q : 그러면 부산에 어머니가 남아 계셨는데.
A : 할머니하고 내 여동생도 같이 생활했어요.

Q : 할머니하고? 그러면 동생분들도 몇 명인지?
A : 저 형제간은 여자가 세 명이고, 동생은 여동생이 둘이요. 누님은 동래에 있다가 몇 년 전에 돌아가셨고, 나머지 둘이는 부산에 있다가 지금 인천에 살고 있습니다. 처음에는 누님과 여동생 하나하고 저하고 오사카에 왔다가, 전쟁이 심하게 될 때 누님하고 동생은 귀국했어요.

막내는 부산에 있었고, 1944년 해방이 되기 조금 전에 누님하고
동생은 부산에 돌아가고, 저 혼자만 남았어요. 그런데 후에 일본
패전이 되고는 고향의 왕래를 못하게 되었습니다. 오사카 만국박
람회(大阪 萬國博覽會) 때 할머니가 나라(奈良) 집에 오셨다가 한
5년 있다가 일본에 친구들이 없어 못 살겠다고, 말도 안 통하고
(웃음).

박람회 때 오셔서 한 5년간 나라(奈良) 집에 계셨는데, 친구들도
만나고 싶고 바다에서, 또 부산에서는 절에 많이 다녔습니다. 금
화사(金華寺)라고 동래 산골에 있는 거기서 신도대표가 돼서, 그
렇기 때문에 부산에 가서서 친구분들하고 오래 계시다가 93세까
지 살았어요. 그동안 어머니도 같이 생활하다가 일찍이 돌아가셨
습니다.

부친 서성만에 관해

Q : 아버님의 성함이 서성만(徐成萬) 선생님이시죠?

A : 네, 서성만입니다. 그래서 갖고 계셨던 자료를 나중에 보여드리겠
습니다만, 아주 공부를 좋아했고 머리는 저보다 좋습니다. 아주
연구를… 해방 후에는 교토대학(京都大學)에서 국제법 연구를 주
로 했습니다.

일본국제법학회에 멤버가 됐고, (지도교수의 책을 내서…) 다오카
료이치(田岡良一)[1]라는 선생인데, 다오카 료이치 선생은 국제법
으로 아주 유명한 선생이고 교토대학에 계셨고, 이분하고 도쿄대
학(東京大學)의 요코타 기사부로(橫田喜三郎)[2] 교수 이 두 분이 일

---

[1] 1898~1985. 법학자이며 국제법 전공. 교토대학 명예교수. 『国際法学大綱』(巖松堂
書店, 1934), 『国際連合憲章の研究』(有斐閣, 1949) 등.

[2] 1896~1993. 국제법학자. 도쿄대 교수. 제3대 최고재판소 장관 역임.

본 외교관 시험위원을 국가에서 부탁할 정도의 대표적인 학자입니다.

아버지는 그 세미나에서 공부를 하면서 주로 백두산에 있는 정계비(定界碑), 독도문제, 또 평화라인, 구(舊) 만주에 관련된 여러 가지 이런 걸… 일본이 식민지를 만들기 전에 군사관계, 군대에 있는 사람들이 조사를 세 번이나 했어요.

Q : 그러니까 아버님께서 소장·공부하셨던 책이지요?

A : 네네 이런 걸 공부했어요. 그래서 학자를 하려고 교토(대학)에서 대학원까지 가서 공부했지만 결국은 대학에 취직을 못했습니다. 일본의 차별구조가 보통이 아니기 때문에…

이 서용달이, 내 자신이 4년제 대학에 교수가 되는, 전임강사(專任講師)에서 교수가 되는 그런 코스로서는 제가 일본에서 제1호라고 합니다만,(웃음) 신문에도 났지요. 그렇지만 아버지는 학자가 하고 싶었는데, 결국은 못하고, 일본국제법학회(日本國際法學會) 멤버로 여러 선생님들과 교류가 많았습니다.

지금 이시모토 야스오(石本泰雄) 오사카시립대학 교수라고 있는데, 이분도 지금 살아 계시는 분이지만… 여기 책도 있습니다. 이시모토 이분은 중립제도에 대해 쓰셨고,[3] 일본국제법학회 이사장도 하시고 지금은 정년퇴직했지만, 그런 분들이 모두 다오카 선생님 밑에서, 그분 중심으로 공부를 많이 했지요.

Q : 그런 부분에 대해서 서성만 선생님께서 쓰신 글이 있나요?

A : 학술논문 같은 것은 「공해(公海)에 있어서의 어업(漁業)의 규칙—

---

3) 石本泰雄, 『中立制度の史的研究』, 有斐閣, 1958. 전 日本國際法學會 이사장, 前 大阪市立大學教授.

서용달 선생이 소장하고 있는 자료들

평화라인에 관련하여」(1960년 4월), 「남북의 중립통일론에 관하여」
(1961년 1월) 등이 있지만 대학 취직을 못했기 때문에 출판책은 없
습니다. 실은 공부는 했지만 그 당시는 생활이 바빠서 애들, 가족
들 먹이고 자기 활동을 했는데… 그 대신 해방 후에는 재일본조선
인연맹의 경제부장 겸 오사카조선인상공회의 이사장을 했기 때문
에, 그 자료를 나중에 드립니다만 그런 면에서 우리 동포사회에서
는 해방 후에 3년 동안은 경제활동을 중심으로 했습니다. 학교는
계속해서 공부를 했지만은 결국 이루어지지는 않았지요.

제 자신이 1962년 말에 4년제 대학에 채용이 되었기 때문에, 63년
도부터 대학 전임강사가 되었는데, 이것이 일본 전체에서 전국에
서 외국인 제1호라고 보도되었지요.

그러니까 우리 선배들이나 아버지뿐만 아니라 우수한 사람이 많

아도 대학교는 한 사람도 취직이 안됐고, 또 회사 중에서도 큰 회사, 상장회사(上場會社), 증권을 발행하는 회사에도 한 사람도 외국인이 정식 사원이 없어요. 그런 정도로 일본이라는 나라는 아주 보수적이고 차별이 심했다는 그런 사실 때문에 모두 다 고생을 했죠.

일본에서 다닌 중학교 및 고등학교

Q : 그런데 일본 학교를 어릴 때 다니시지 않았습니까?

A : 예. 부산에서 4학년 때 오사카에 왔는데, 아시다시피 부산학교에서는 '바다 고기 버드나무' 1학년 때 그 책만 배웠고, 2학년에 올라가니까 일본의 문교, 국가에서 지정하는 일본말이 강요되어서요. 소학교에서라도 우리말 쓰면 두드려 맞고 그랬죠. 그때 뭐 칼을 가지고 있는 군인이 각 학교에 한 사람씩 모두 다 파견돼서 선생님들도 일본말만 하라고 그런 식으로 했기 때문에 일본말은 조금만 학교에서는 배웠죠.

그렇기 때문에 4학년 때 오사카에 와서 큰 고생은 안했지만은, 차별은 많이 받았죠. 조센징이라는… 일반적으로 다 그랬고 그러나 나는 공부를 좀 잘했기 때문에 그래도 차별은 조금 덜 받았다고, 그런 느낌이 있습니다.

그리고 중학교는 구제(舊制)인데 1945년에 중학교를 올라갔는데, 해방 때, 그때도 진학 차별이 있어서, 입학은 세 군데나 서류를 제출했는데(나는 공부 잘했는데) 다 떨어졌습니다. 일본 학생은 모두 합격이 된 일본 패전 때인데… 갈 곳이 없어서 아버지가 여기저기 다니다가, 어디 절에서 어느 스님을 만난 모양입니다. 우리는 불교기 때문에.

그 선생이 오사카오쿠라상업(大阪大倉商業)이라는 학교, 이번에 책에도 내 놓았습니다만, 그게 선린상고, 선린인터넷고등학교라고 서울에 있는 학교지만. 그 학교를 설립한 옛날 오쿠라 기하치로(大倉喜八郎) 남작이라고… 이분은 물론 장사꾼(政商)이니까 나쁜 짓도 많이 했지만은, 그분은 저 학교를 세 군데나 만들었습니다. 현재 도쿄경제대학은 옛날에 도쿄오쿠라고등학교, 오쿠라고쇼(大倉高商)라고, 그것이 1984년 6월에 간사이쇼고학교(関西商工学校)와 합폐하여 지금의 도쿄경제대학이 되었고, 오사카오쿠라상업학교는 지금 간사이(關西)오쿠라, 간사이오쿠라고등학교로 되었고, 제가 그 학교를 졸업하게 되었습니다.

그리고 선린상고도 오쿠라가 이어받은 학교이고… 그러니까 세 학교가 설립자가 같은 사람입니다. 일본 재벌인데 오쿠라가 지금 큰 건설회사 다이세이 건설회사(大成建設)입니다. 옛날에는 호텔오쿠라, 우리나라 신라호텔도 오쿠라의 기술이 제공이 돼서 같은 식으로 지금 되어있습니다. 그런 면에서는 경제적으로 더 그렇게 있죠.

선린상고하고 간사이오쿠라는 제가 중간에 들어가서 1984년 6월에 자매결연이 됐는데, 알아보니까 삼균학회(三均學會)의 조만제(趙萬濟)⁴⁾ 선생이 그 선린상고 졸업생입니다. 그 후에 그걸 알아가지고 지금까지 아주 친하게 지내고 있습니다. 그 학회에서 제가 학술공로상과 이번에 감사패도 받았지만… 그런 게 있습니다.

삼균학회 및 조만제와의 인연

Q : 그냥 얘기가 잠깐 벗어나지만 삼균학회와 관련을 갖게 되신 것은 조만제 선생님이 먼저입니까? 아니면 삼균학회가 먼저입니까?

---

⁴⁾ 조소앙(趙素昻)의 삼균주의를 연구하는 학술단체로 1975년 설립. 조만제 선생은 삼균학회 이사장.서용달은 삼균학회의 해외이사를 맡고 있음.

A : 조만제 선생을 먼저 알았고, 3 · 1운동에 관련된 우리 민족운동사
에 큰일을 하신 걸 나중에 알았죠. 그래서 저는 해외에 있어서 협
조하고 그 전에 정일권(丁一權) 씨가 하고 있던 한일협회(韓日協
會)에서 조만제 선생님이 전무를 하고, 또 정일권 씨 후에 조만제
씨가 회장을 했습니다.

이분은 도쿄대학 경제학부를 졸업했기 때문에 일본에 친구들도
많고, 그래서 경제인들도 많이 왕래하고, 우수한 사람들도 있기
때문에, 조만제 씨의 정신도 진보적인 정신을 갖고 있지만, 하시
는 일은 한일 친선, 경제 교류 이런 면에서 일을 많이 했다고 봅니
다.

그 단체에도 제가 임시자문위원으로 협조하고… 저도 경영학, 회
계학이 전공이기 때문에 그런 면에서 서로 의견이 맞고 이야기도
할 수 있고… 그래서 거의 50년 정도 되었는데 잘 지내고 있습니다.

Q : 지금부터 50년 전부터 아시는군요.

A : 예, 지금부터. 그러니까 해방 후에 일본에 있는 대학까지 간 사람
이, 우리 아버지 때도 해방 후에, 간사이만 해도 대학 나온 사람은
5~6명 밖에 없었어요. 중학교까지도 못 간 사람도 많고, 그런데
우리 시대에 와서도 일류대학에 진학하는 사람이 거의 없었어요.
그렇기 때문에 어느 대학에 누가 있다는 것, 우리 동포들 사이에
서는 다 알게 되지요. 신문에도 나오고 그랬기 때문에… 관심을
가졌지요.

그런 가난한 시기에 결성된 단체가 신한학술연구회(新韓學術研究
會 회장 金龍周 대한방적협회 회장)이 설립 되어, 전방(全紡), 전
주방직, 일본에서는 京紡 전무이사 김용린(金容麟)이라는 분이 신
한학술연구회를 운영하여, 학자들, 공부하는 사람, 대학원에 있는

사람들의 조직을 육성했습니다. 그 연구회가 동경, 오사카에 중심 으로 있었는데, 저는 관서지방 지부장을 했고, 그런 면에서도 조만제 선생하고 도쿄에서 종종 만날 수 있는, 그러니까 교류는 오래되지요.

그 연구회는 아주 한국에서도 유명하고, 도쿄대학 이런 데 유학을 많이 하시고 한국정부 장관도 하신 분들이 많습니다. 그런 흐름이 있었기 때문에 조만제 씨도 한일간에 많이 일을 하셨고, 일본 정부로부터도 훈장을 받았습니다.

조만제 씨 축하회를 우리들이 오사카 미야코호텔에서 했습니다. 인간적으로 나는 형님이라고 할 정도로 생각하고 있지요.(웃음) 아무 도움도 안 되지만, 그래도 정신적으로는… 저도 삼균주의에 관해서 조금 공부는 하지만… 논문 발표까지는 힘이 듭니다. 아주 우수한 교수들이 많이 계시고, 좋은 논문을 발표하시기 때문에 저희들이 많이 배우고 있습니다.(『三均主義研究論集』은 2014년에 제37집을 간행했다.)

이번에 나온 삼균학회 학보에는 제 논고가 하나 실려 있어요. 이 책에 넣은 것을 그대로 넣었지요. 그런데 문제는 '한조선(韓朝鮮)' 이라는 용어에 관해 저는 통일용으로 생각하고 있는데, 이런 문제에 대해 우리나라에서는 아직 인식이 안 되어 있다는 점입니다.

Q : 우리 민족을 가리키는 말로 '한조선'이란 용어를 쓰십니까?

A : 내가 『아사히저널(朝日ジャーナル)』이라는 잡지에 글을 썼는데, 그 잡지는 오래 아사히신문사에서 발행되었어요. 나는 여기서 '한국//조선어'라는 용어를 썼고,5) 1991년에 동서독이 통일되었기 때

---

5) 서용달 「평화통일에의 한 걸음은 먼저 용어로부터」, 『朝日ジャーナル』, 朝日新聞社, 1982년 7월 23일호(제24권 제31호).

문에 내가 빨리 통일이 되도록 '한조선'이라는 용어를 쓰게 되었어
요.

NHK의 강좌에서 한국어, 조선어라는 명칭을 갖고 남북 양쪽 단체
에서 막 싸움이 벌어졌어요. 그렇게 싸움을 하니까 NHK강좌는 못
하겠다 하고 일단 중지되었습니다. 중지되었는데 내가 여러 가지
주장—『朝日新聞』논단, 『文芸春秋』, 『朝鮮研究』誌上에 주장—
을 함으로써 다시 NHK도 검토하게 되고 시작되었지요.

『아사히저널』에는 그 용어에 관해 와세다(早稲田)대학의 오무라
마스오(大村益夫)[6] 교수의 논문하고… 다 인용해서 '평화통일을
향한 첫걸음은 우선 용어부터'라고 저 나름대로 썼는데요. 이런
과제로 쓴 논문은 이 서용달 것 밖에는 없어요. 학자나 문화인들
모두 피해서요. 조선이다, 한국이다 주장해 가지고, 통일적인 입
장에서 생각하는 논문은 없었어요.[7]

대학과 대학원 진학, 이후의 진로 문제

Q : 그러면 지금까지 선생님의 아버님께서 일본에 오시게 된 계기와
선생님께서 어릴 때 자란 과정에 관해 말씀하셨습니다. 그런데 이
제 조금 더 보충하고 싶으시다면?

A : 일본에 와서 입학 차별이… 학교 선생이라는 것도 옛날부터 세인
트 프로페션(saint profession)이라 하나요, 영어로 하면. 학교 선생
이라는 것은 성직(聖職)이라고 생각합니다.

---

[6] 1933~. 도쿄대 졸업. 와세다대 명예교수이며 50년 이상 조선문학을 연구했다. 『조
선의 혼을 찾아서』, 『윤동주와 한국문학』 등의 저서가 한국어로 번역되었다.

[7] 서용달 저, 『다문화 공생지향의 재일 한조선인』(고려대학교 현대 일본총서 06),
도서출판/문, 2012, 제9장 「통일적인 '한조선' 용어의 보급추진」, 239~260쪽 참조.

Q : 성인스러운 직업이라는 뜻이지요.

A : 성직이라고 하는데, 제국주의하에서 차별감을 가지는 것 뭐 보통 이지요. 그러니까 학교 입학시험까지, 성적에 관한 것이 아니고 국 적에 따라서 차별한다는 거죠.

일본에서 나는 중학교 세 군데를… 아까 말씀드린 주승 덕택으 로… 그분이 오사카오쿠라(大阪大倉)상업학교(현재 간사이 오쿠 라고등학교)에서 그 당시 세계사를 가르치는 역사 교사인 분이었 어요. 그분이 학교에 이야기해서 입학시험이 다 끝났는데 오라고 해서, 그래서 내가 내 입장으로서 학교가 참 은덕이 많아요. 거기 서 6년간 중 · 고등학교를 졸업하고… 그 학교를 제가 개보수하여 선린상고하고 자매결연이 되어 있고, 사진기록도 많이 남아 있습 니다만.

이제 그 후에 대학을 들어갔어요. 그런데 대학 졸업할 때 취직이 안돼요. 공부도 잘 하고… 보통 나는 회사에 들어가서 생활을 하 려고 했고, 학자 되려는 마음이 없었어요. 그 당시에는 그렇지만 할 수 없었어요. 상장(上場)회사, 일본 전국에 있는 큰 회사는 한 사람도 외국인을 정식으로 채용 안한다는…

그렇기 때문에 할 수 없이 한국에 돌아갈까, 미국에 갈까 하다가 결국은 일본에 사는 것이 좋다 해서, 1년간은 놀고, 다음해에 대학 원에 들어갔어요. 대학원에서는 경영학을 공부했는데 CPA, 공인 회계사 이런 자격을 따면 살 수 있다 싶어서 회계학(會計學)을 공 부하게 되었습니다.

그 회계학은 박사과정까지 갔는데 마칠 때 공인회계사를 하고 싶 다고 지도교수에게 말을 하는데, '너는 학자 되는 게 좋다'고 회계 사 실무가 필요 없다고, 그때 국적 문제를 말하더라고요. 외국 국 적을 가지고는 취직이 안 된다고, 국립대학도 교토대학(京都大)이나 오사카대학(大阪大)이나 아주 일류대학이라도 너는 갈 수 있기 때문에, 그래서 일본 국적을 따라고 말했어요.

그런데 나도 선조가 있고 민족의식도 있기 때문에 그래서 거절하니까, 선생님이 너가 그러냐고 그럼 할 수 없다 해서, 그래서 동경, 나고야, 오사카 근처에 다 그분이 이름이 있는 사람이니까 다 전화를 미리 하고, 그래서 4군데가 다 한국 사람이라도 받아도 좋다 하는 학교가 나와서, 동경의 호세이대학(法政大學), 나고야의 난잔대학(南山大學), 간사이는 리쓰메이칸대학(立命館大學), 오사카의 모모야마가쿠인대학(桃山學院大學)이 그때 나를 받아도 좋다 했어요. 외국인 교수가 일본에는 한 사람도 없는 시대에요.

그런데 내가 오사카에 살기 때문에, 교토에 있는 리쓰메이칸하고 모모야마대학에 서류를 냈습니다. 나고야하고, 도쿄는 거절하고요. 그런데 그때는 선결우선(先決優先)이라 해서, 한 군데에 결정

서용달 선생 댁의 전경

이 되면 다음 후보대학은 자동적으로 거절하는 식으로… 그래야 다른 사람들도 취직을 할 수 있으니까. 지금하고는 좀 제도가 다릅니다.

그래서 그 당시 모모야마대학이, 조그만한 대학이고 경제학부 하나밖에 없었어요. 그래도 선생님 말씀이 학교는 질이 좋고 하니까 장기적으로 발전될 것이고, 또 지금 취직이, 하나의 원칙이, 너가 거절하면 리쓰메이칸이라도 갈 수 있

서용달 선생의 문패

지만은, 거절하면 금후 고베대학에서 추진하는 것을 안 받아 주게 된다고.

그래서 제가 '모모야마대학에 가겠습니다' 해서 왔어요. 결과적으로는 좋았어요. 왜냐하면 조직이 작으니까, 내가 하는 행동을 다 일본 사람들이나, 직원들도 잘 알고 선생들도 알고. 아주 열심히 공부도 하고 일도 많이 했기 때문에 인상이 좋아졌습니다. 지금은 모모야마도 경제대학, 경영대학, 법과대학, 사회대학, 국제교양대학 등으로 확대되었습니다.

Q : 모모야마학원대학에서 교수생활을 하셨지요.

A : 제 자랑은 아니지만, 38살에 교수가 되었거든요. 전임강사는 박사과정 마치고 보통 조교 한 2년 하다가 전임강사가 되는데 나는 처음부터 전임강사가 되었고, 그 후에 2년 후에 부교수가 되었고, 38살에 교수가 되었습니다.

일본의 대학에서는 보통 40세 이상 45세 전후 되어서 일반 교수가 됩니다. 그렇게 하고 저는 41살에 경영대학장을 했습니다. 도서관 장도 하고 그러니까 관리직도 했고, 총장은 못했지마는 아주 그런 면에서는 학교 다니면서 업적을 내고, 공부만이 아니라 관리면에서 능력이 있다고 대학장들이 보았지요.

공부는, 이 자리에 안 가져 왔지만, 일본 최고의 『회계학대사전』에 학자로서도 어느 정도 이름을 냈기 때문에. 15개 항목이나 아주 기본적인 항목을 제가 많이 썼어요.[8]

실은 저는 지금 박사학위를 안가지고 있습니다. 이것은 의미가 있는데, 여기서 보듯이 교수 앞에 쓰여 있는 마스터(Master) 지도교수, 그러니까 마스터(석사)학위를 낼 수 있는 M교수, 그리고 닥터 지도교수는 박사학위를 낼 수 있는 D교수입니다. 저는 닥터 지도교수입니다. 이 자격은 대학교수회가 아니고 일본 문교부에서 인정을 합니다.

그러니까 학위라는 것은 각 대학에서 내지마는 그 학위를 낼 수 있는 대학원을 설치 운영할 때, 학위 낼 수 있는 교수가 몇 사람 있는가 그것을 일본 문부성에서 심사할 수 있는 위원회를 따로 두었어요. 제가 일본 나라에서 인정을 받았기 때문에 학위를 낼 수 있는 교수로 되었지요.(웃음) 그 뜻을 모두 모르기 때문에 박사과정 학생을 지도하고 제가 학위를 낼 수 있기 때문에(심사위원 교수) 제 자신은 학위가 필요 없습니다. 그 대신 사회봉사와 시민운동도 많이 하고, 공부도 계속 했지요.

요새는 유학생이라도 그렇죠. 학위를 안가지고 있으면 취직이 안

---

8) 서용달 집필 사전은 『신회계학 사전』(同文舘), 『회계학 대사전』(中央経済社), 『회계학 사전』(東洋経済新報社), 『회계학 대사전』(同文舘)과 각 사전의 제3판, 4판, 5판까지 집필함.

되기 때문에 한국에도 박사학위라도 있어야 취직이 된다고, 미국
에서 가짜도 나오고 여러 가지 문제가 있지만, 좌우간 연구생활은
귀중합니다.

민족의식에 대한 아버지의 영향

Q : 사실 선생님이 취직에 대한 전망이 잘 안서고 차별 때문에 그랬을
때, 어려웠을 때 국적을 사실 바꿀 수도 있는 것 아닙니까? 그런데
혹시 아버지 영향이 거기에 있었는지요? 아버지가 언제까지 사셨
는지요?

A : 아버지는 1908년생인데 실은 66세까지 살아계셨어요. 1974년 6월
에 돌아가셨습니다. 우리 아버지는 민족의식이 강한 사람이었어
요. 한국에서 민주화투쟁 때 여기 김대중 선생의 부인이 이 책 표
지에 나오지요.9) 『침묵에 반항하여 ─한국 지식인의 발언』이라고
이것을 한국민단(韓国民団) 쪽에서는 빨갱이라고 해서 제가 얼마
나 당했는지… 여기에 아버지도 번역에 참가해서 뒤에 나와 있는
데요.

돌아가신 것이 1974년 6월 27일입니다. 동래고보(東萊高普) 학생
때도 데모도 하셨다고 들었습니다. 민족의식이 강했기 때문에 그
영향을 받았습니다. 그리고 역사적으로도 여기에 책이 있지만, 미
나미만슈테츠도(南滿洲鐵道), 식민지 때는 만테츠(滿鐵)라고 합니
다.10) 연구기관도 있고, 거기서 학자 된 사람들도 많지만, 그런 역

---

9) 서용달이 여러 문화인 역자(譯者)들과 함께 번역하여 편집, 출판한 『沈黙に抗し
て─韓国知識人の発言』(筑摩書房, 1978)을 말함. 민주화투쟁의 일선에 있던 지명
관, 송건호, 함석헌, 장준하 등의 논설과 각종 선언문 등이 실렸다. 서용달의 부
친인 서성만도 역자 가운데 한 명이다.

10) 南満洲鉄道株式会社編, 『南満洲鉄道株式会社十年史』(1919年刊), 同二十年史
(1927年刊), 同三十年略史(1937年刊). 어느 것이나 「비매품」이었으나 서성만이

사의 방향, 어떻게 식민지 지배를 해 왔느냐에 대해 아버지의 정
신이 좀 있었고… 그러니까 국경에 관한 연구, 또 여기도 우리 재
일한국장학회11)에서도 교토대학 다오카료이치(田岡良一) 교수와
같이 연구 발표 했습니다. 평화라인 이것도 하셨고, 남북통일과 중
립화 문제를 말씀했지요.

Q : 말씀하실 게 남아 있습니까?

A : 뭐… 그래도 공부한 사람이니까 여기도 대한변호사협회 회장 이
병린(李丙璘)12) 선생 논문이 일반 학자에게는 아주 어렵다고, 서
성만이가 번역을 해서 참가했죠.

이 책에는 김대중, 장준하, 함석헌, 김재준(金在俊), 가톨릭의 김
수환(金壽煥), 당시 한국에서 대표적인 인사들 아닙니까. 그런 글
을 번역해서 일본에서 냈기 때문에 한편에서는 한국계통으로서는
오랫동안 빨갱이라 해서 많이 방해를 당했지요.

한편에서는 일본의 사회당 계통 인사들이 조선 쪽과 손잡고 항상
사회주의적이라 하는 정당이 한국에서 민주화 투쟁하는 사람들
이, 서용달 번역한 책을 보고 이렇게 또 감옥살이 하면서도 민주
주의를 지키고 있다. 그런 것을 인식하게 돼서, 일본의 사회당 계
통의 인사들의 의식이 개선이 되었습니다. 이것은 큰 효과라고 할
수 있지요.

그 당시만 해도 이승만이다, 박정희다, 독재다, 군사정권이다, 이

구입하고 있었다. 「滿鉄」설립 위원장은 육군대장·고다마 겐타로(児玉源太郎)
이었기 때문에, 보통 주식회가 아닌 것을 알 수 있다. 식민지통치의 국책회사
이었음.

11) 재일한국장학회에서는 1960년과 61년에 서성만 연구발표의 기록이 남아 있다.

12) 『沈黙に抗して-韓国知識人の発言』에 실린 이병린의 논설은 '위헌에 항의한다
-계엄령하의 옥중수기-'이다.

렇게 비판이 많았는데, 민주화 투쟁 책이 나와서 한국에도 사람이 살고 있고 자유를 위해서 목숨을 바치고 투쟁을 하고 있다, 조선은 독재가 너무 심하다, 이런 식으로 일본의 지식인들 계급에 이 책이 아주 좋은 영향을 줬습니다.

그렇기 때문에 우리 한국을 인식하는 지식인들이 많이 생겼고, 제가 일본 국공립대학의 대학교수 채용운동[13]을 할 때에도 히타카 로쿠로(日高六郎),[14] 이이누마 지로(飯沼二郎)[15] 등 동경대학 교수, 경도대학 교수 등 아주 우수한 학자들이 많이 협조하였습니다. 그런 면에서는 저는 참 행복합니다. 하나의 좋은 인관관계의 흐름에 대해서 민주화 투쟁의 책이 영향을 주었지요.

Q : 그런데 보니까 1978년에 이 책이 나왔고, 그러면 서성만 선생님이 돌아가시고 난 다음이네요?

A : 예. 번역을 해놓고 출판 책을 보지도 못하고 조금 일찍 돌아가셨습니다. 참 유감이지요.

해방 후 민족단체 관련

Q : 그러면 철공소에서 해방을 맞으셨네요? 해방 직후에 관해 좀 더 말씀해 주시기 바랍니다.

A : 아버지는 볼트, 넛트를 파는 도매상을 했어요. 오사카 경차량 공업협동조합(大阪軽車輛工業協同組合) 이사도 했고, 일면에서는 약

---

[13] 국공립대학에서 외국인 교수를 채용할 수 있는 운동. 1982년에 달성. 서용달선생 고희기념논집, 『21세기 한조선인의 공생비젼』, 일본평론사, 2003년을 참조.

[14] 1917년생. 도쿄대학 신문연구소 교수, 저서에 『현대 이데올로기』, 『대학의 국제화와 외국인 교원』 등이 있다.

[15] 1918~2005. 농학자이며 시민운동가. 교토대학 명예교수. 저서에 『일본제국주의 하의 조선전도』, 『재일의 문화와 사상』, 『발밑의 국제화』 등이 있다.

간 비관적인 그런 입장에서 경찰 눈을 피해가면서 친구들을 만나고. 오사카에 제가 초등학교 4학년 때 왔을 때, 밤에 술 집 자리에 들어가면 나를 모두 친구들에게 소개했지요. 그때 내장구이와 불고기도 있고 탁주를 한 잔 하면서 '내 아들이다' 하고 모두에게 소개하여서 인사한 적이 있습니다.

그런데 해방 후에는 재일본조선인연맹(在日本朝鮮連盟)에, 조금 전에 말했지만 오사카 같은 곳엔 지식계급이 많지 않기 때문에 모두 끌려와서, 강제 연행을 당해서 일꾼이 많았기 때문에, 학교는 항상 다섯 여섯 명 정도가 중심이 돼서 공부를 했어요.

그런데 이 연맹에 관해서 우리 한국민단 사회에서는 좀 오해가 있습니다. 민단이라는 조직은 여러분이 조사해 보시면 알겠지만, 최초의 스타트는 불량자들이 많았어요.

또 일본에 와서 무리 지어서 총 쏘고 이런 사람들이 모인 게 아주 무서운 단체가 해방 후에 생겼어요. 거기에는 양심 있는 사람들은 나갈 수 없고, 재일조선인연맹이 중심이 돼서 전국에 퍼져 있었고, 이것이 그 후에 좌경화되는 것은 감옥살이 하던 사람들, 민중, 민족운동 하던 사람들이 나와, 일본 공산당의 지도라 할까 이런 걸 받게 되어서 좌경화되어, 파괴활동을 한다 해서 「団体等規制令」에 의하여 단체 해산이 되었습니다.

그때까지는 재일조선인연맹으로부터 쌀 같은 거 소금, 신탄, 숯, 이런 생활 필수품을 배당 받아서 모두 생활했잖아요. 그 배당을 재일조선인연맹의 민생부를 통해서, 또 경제부가 그것을 인계하고, 저 방림방적의 서갑호(徐甲虎)[16] 씨도 우리 아버지들하고 모

---

[16] 1915~1976. 재일교포 해방 후 대표적인 실업가. 학교법인 금강학원 중고등학교 (오사카) 이사장. 한국에서 방림방적주식회사(전신은 사카모토(阪本)방직)를 설립했다.

두가 같이 상공회 활동을 했는데… 해방 후 3, 4년 후에 조총련(朝鮮総連)계 하고 민단(韓国民団)계 하고 갈라지고 대립하게 되는데, 그때까지 큰 단체는 조련 하나밖에 없었어요.

그러니까 해방 후 재일조선인연맹에 대해 좀 오해가 있어서, 내가 이 책에서는 사실을 좀 썼습니다. 그렇지 않다고… 일시 좌경화되었지만 그때까지는 민족의식이 있는 사람들이 많이 모여서, 일반 사람들에게 배급도 하고 배달도 하고 이렇게 해서 생활을 지키는 그런 단체로서 활약했습니다.

나쁜 짓을 한사람도 있지요. 특히 군대가 패전 후에 군수 물자, 옷이든지 구두든지 통조림 총칼 말고 그런 걸 숨겨 가지고 자기들이 팔아 먹으려고… 군인들이 해방 후에 그런 것을 밝혀내서 일본정부에 신청해서 지불하도록 하고 그 돈을 가지고 서갑호 씨는, 사카모토 방직회사, 더욱 발전된 회사 1세들은 그 돈을 가지고 모두 다 자금을 삼았지요. 그런 측면이 있습니다.

그렇기 때문에 서갑호 씨는 자기가 돈벌이를 한 것은 자기 개인의 노력도 있지만, 주일 한국 대사관이 있는 도쿄에 땅과 건물을 그 때 기부했습니다. 지금 대사관을 새로 짓는다고 하는데(건축은 이미 완성), 그 서갑호 씨의 현창비, 비석을 세우라고 하는 이야기도 있습니다.

그분이 사실 한국에 방림방적

구술하는 서용달 선생

을 설립했는데, 거기서 화재가 나서 그 후에 박정희 정권 때 정치가들의 뇌물로 인해서 그런 듯 싶은데… 은행융자를 못 받아서 결국 실패했잖아요. 그 아들은 지금 서울에 있습니다. 미국의 일류대학을 나왔고, 아주 훌륭한 인재라고, 저의 귀국시에는 꼭 만났는데 그런 흐름이 있어요. 그러니까 옛날에 재일본조선인연맹 상공회에서 활약한 사람들이 그 후에 한국인상공회의 기반을 잡았다, 만들었다는 그 사실을 저의 책에 좀 내놨습니다.[17]

Q : 오사카상공회의 활동에 대해서 말씀해주시구요. 부친이나 아니면 선생님의 경우 민단하고의 관계는 아예 처음에는 없었습니까?

A : 한일회담 후에 그러니까 우리가 영주권 신청을 했지요. 한국민단 중심으로 모두. 또 우리는 고향이 부산이기 때문에…

여기에 재일동포는 약 90%가 남한, 한국 출신입니다. 그럼에도 불구하고 왜 조련계가 심했는가 하면 일본사회가 차별적인 사회였던 거기에 대한 하나의 것이고, 또 우리나라가 해방 후에 이승만이다, 박정희다, 군사정권이 실권을 가진 동안 거기에 대한 반감이랄까, 그런 게 있어서 조선이라는 국적을 그냥 옛날부터 가지고 있는 것 아닙니까.

그런데 우리는 한일회담 후에 한국으로 모두 다 바꿨거든요. 모두 스스로가 신청해서 안 바꾸면 옛날 그냥 있는 사람 조선인입니다. 그러니까 그냥 조선적에 있다고 모두 좌익 계통이 아니지요. 그 사정이 있어서 그런 면이 우리나라에서 오해가 됐고, 민단사회에서는 자기들 본래 불량자가 많은데 지금은 많이 변해졌어요.

지금 조선이라는 것은 '김일성이 패다.' 이런 식으로 자꾸 공격을

하지만은… 지금 한국 국적에 있는 사람들도 또 학교 애들 민족의
식이랄까 아이덴티티를 생각해서 또 우리말을 잘하기 위해서 총
련계 학교에 보내는 그런 사람들도 있잖아요. 그러니까 아주 동포
전체에 대해서 인식이 일면만 자꾸 보도가 돼서 우리 민단만, 지
금 우리나라 공관이 보고 있죠. 민단만. 그러니 학자, 문화인들이
공관에도 잘 안나갑니다.

이 민단조직은 지금 학자, 문화인, 종교인, 예술가 이런 지식인들
은 잘 안 나갑니다. 나는 의견교환하면서 나가고 있지만.(웃음)
한국 오사카 상공회의소도 옛날에는 공부하는 상공회로서 강연회
도 자주 했었는데 최근에는 골프나 친목이 중심이고 장학재단 등
을 만들어서 인재양성한다는 생각도 없습니다. 더구나 모체단체
인 상공회의소의 중앙본부가 두 단체로 분열되어 재판까지 하고
있으니 유감이지요. 또 부자들만 가입한 상공회도 있어 재일기업
가들이 3개로 분열되고 있습니다.

Q : 한국민단이 처음 만들어지고 그렇게 했을 때는 그리 많은 지지를
못 받았다는 말씀이지요?
A : 예, 지지를 못 받았지요. 차차 확대는 되었지마는…

Q : 그런 상태에서 조선인 상공회에 계셨던 아버님께서는 오사카상공
회 활동에 주력하시면서 민단과는 거리를 두거나 혹시 비판을 하
셨는지 아니면 그냥 가만히 계셨는지?
A : 우리 아버지는 재일본조선인연맹의 오사카 본부 경제부장 겸 상
공회 이사장을 했고, 『경제문화』라는 기관지까지 발행하면서 상
공활동을 했지요. 그것이 단체등규정령(団体等規正令)으로 인해
1949년 4월 4일에 조선인 연맹이 해산되었소. 조선인 상공회에서

이사 등으로 같이 일하던 서갑호, 손달원(孫達元), 황성필(黃性弼) 등은 오사카 한국인 상공회 조직화에 노력을 했어요. 서성만은 오 사카시 히가시구 기타하마(大阪市東区北浜)에서 소고(相互)무역 주식회사를 설립하여 무역사업에 집중, 남북 동포 상공회에는 안 나가게 되었지요.

Q : 단체가 해산되죠?

A : 그때 해산이 돼서, 일체 남북 양쪽의 단체에 안 속하고요. 물론 국 적은 나중에 한일회담 후에 한국 국적으로 일찍 바꿔졌어요. 우리 집 모두 다.

그러나 장사를 했습니다. 오사카의 아주 좋은 상가 자리에서 다이 와증권(大和証券)빌딩이라고 지금도 있지만 거기 3층에서 삼호무 역주식회사, 그러니까 무역을 했습니다. 무역 장사는 오사카에서 좀 오래된 선구적인 사업이지요.

거기에다가 순천에서 대학을 만든 강길태(姜吉泰)[18] 씨의 형인 강 계중(姜桂重) 씨가, 아버지가 장사를 하던 다이와증권빌딩 3층에 종종 놀러왔어요. 가까운 곳에서 파칭코를 하고 있었거든요. 그분 이 돈벌이를 하신 후 민단 오사카 본부 단장도 하고, 또 우리나라 에서도 많은 공로가 있지요. 그때 강계중 씨를 도와 주신 사람이 강길태 씨. 그 두 분을 다 만났어요. 그렇기 때문에 내가 아주 가 깝게 느끼고… 해방 후에 모두 고생도 많이 했지요.

그래서 우리 아버지는 장사하다가 전혀… 그 당시에 민단이라는 것은 형편도 없어서요. 뭐 지금 예를 든다면, 신한은행을 만들었

---

[18] 1921~2013. 1982년 순천간호전문대학을 인수하여 학교법인 청암학원(淸巖學園) 을 설립했다. 청암대학교 총장과 이사장을 역임했다. 현재는 강명운(姜明運) 씨 가 인계하고 있음.

다고 명예회장이 되어 있는 이희건(李熙健)[19] 씨도 잘 알아요.

인권운동과 참정권운동

Q : 선생님께서는 한국 민주화투쟁에도 큰 관심을 갖고 계셨고, 재일
동포를 위한 인권운동을 오랫동안 해오셨지요?

A : 대학원 다닐 때 민족일보 사장 조용수(趙鏞壽) 구명운동 같은 민
주화투쟁에 참가했지요.[20] 나중에 김대중(金大中)이 사형선고 받
았을 때 「인재는 물품이 아니다」라고 죽이지 말라고 하는 신문 기
고도 냈고.[21] 인권운동으로서는 외국인을 대학교수로 채용하라는
운동과 지방참정권운동, 법률문제 이런 것들이지요. 그때 대학교원
들은 잘 되도 '만년 조수'(万年助手)지요. 올라갈 수 없다는 의미
에서 만년 조수란 말을 내가 만들었지요. 『정주외국인(定住外國人)
과 국공립대학 - 교원 임용 차별의 철폐를 호소한다』[22]는 책에 내
글이 있지요. '정주외국인'이란 말도 지금은 일본 사회에 정착이 되
어 다 쓰지만 정주외국인운동에 대해 내가 만들어서 처음 썼지요.[23]

---

[19] 1917~2011. 경북 경산 출생. 1982년 신한은행 창립을 주도했다. 그 모채 간사이
고깅(関西興銀)은 301억 엔 부채로 파탄. 서용달, 『다문화 공생지향의 재일 한조
선인』, 2013, 제5장을 참조.

[20] 고베대학원생이었던 서용달은 1961년 9월 20일자 마이니치신문(毎日新聞) 전국
판에 '사형을 중지시키자 - 한국의 민족일보 사건'이라는 기고를 실었다.

[21] 마이니치신문(毎日新聞) 1981년 1월 24일자에는 김대중에 대한 전두환 정권의
감형 판결에 대한 서용달의 의견을 실었다. 또한 서용달은 동화신문(東和新聞)
1981년 2월 5일자에 실린 '사형 회피에 국제적인 공감 - 김대중 씨의 감형 조치
에 관한 생각'이라는 기고문에서 '김대중 구명과 반한운동(反韓運動)은 별개'라
는 의견을 피력했다.

[22] 在日韓国・朝鮮人大学教員懇談会(서용달 대표) 外 編, 『定住外国人と国公立大
学 - 教員任用差別の撤廃を訴える』, 僑文社, 1977.

[23] 서용달, 「国際感覚と血統主義 — 道を閉ざされる定住外国人」, 『朝日新聞』, 1972
년 2월 19일, 문화란.

Q : 재일동포의 참정권문제로 이야기를 옮겼으면 합니다. 정주외국인
　　은 지방참정권을 가져야 한다는 주장을 하고 계시지요. 『공생사
　　회를 위한 지방참정권』[24])도 있고, 구미(欧米)의 '유럽 시민'사회에
　　대응하여, '아시아 시민'사회를 만들고자 하는 주장이랑, 『21세기
　　한조선인의 공생비전』[25])이라는 책에서도 그 얘기가 많이 나오는
　　것 같은데요.

A : 다나카 히로시(田中宏) 선생과 함께 오랫동안 지방참정권을 주장
　　해 왔지요. 그리고 '아시아 시민사회를 만들어야 한다'는 것이 주
　　된 내용입니다(서용달 회갑기념논집을 참조).

　　참정권에 관해서는 한국 오사카청년회의소에서 차별철폐운동 때
　　우리들하고 같이 좋은 일을 많이 했습니다. 오사카에 설립된 이
　　청년회의소가 일본에서 제일 오래 됩니다.

　　여기서 내가 25년간 고문(명예회원)을 했어요. 친구들이 많이 있
　　고, 여기서 주제 강연을 한 것이 '재일한국인이 어떻게 살면 되느
　　냐' 하는 것이고, 여기서 지방참정권문제를 언급했지요. 이 주장
　　이 일본에서 제일 오래 됩니다. 1976년이니까 38년 이상 됩니다.
　　지방참정권에 관해 활자화된 것은 서용달 논문이 최초지요. 이런
　　투쟁을 하면서 우리가 살고 있다는 것을 알아 주셨으면 합니다.[26])

Q : 정주외국인이라고 하는 것은 법률적인 용어로 몇 년 이상 일본에
　　살아야 되지요?

---

24) 서용달 편저, ① 『定住外国人の地方参政権』, 日本評論社, 1992. ② 『共生社会へ
　　の地方参政権』, 日本評論社, 1995.
25) ① 서용달先生 還暦記念論集 『アジア市民と韓朝鮮人』, 日本評論社, 1993. ② 서
　　용달先生 古稀記念論集 『21世紀韓朝鮮人の 共生ビジョン』, 日本評論社, 2003.
26) 한국 오사카 청년회의소, 『THE KOREA OSAKA JAYCEES認准五周年記念誌』, 1976,
　　146~154쪽.

A : 3년입니다. 일본 「호적법」상 국적 획득 최소한 연수가 3년이기 때문에 그 조항을 제가 인용했어요. 3년 이상 살면서 세금을 납부할 수 있는 사람, 지역 사람으로서.

실은 일본 지방자치법 10조에서는 '그 지역에 살고 있는 사람을 시민으로써, 시민은 시청이던지 시 지역의 운영에 관한 돈 부담을 해야 된다', 이것이 지방자치법 10조에 있어요. 그러니까 법률상으로도 우리가 세금을 바치면서 탈세가 아니라 그 지역에서 권위도 획득해야 한다. 이런 식으로 우리가 살기 때문에 그래서 정주외국인이라는 용어를 만들었습니다.

민관식(閔寬植 전 문교부 장관) 선생의 소개로 김수한(金守漢) 씨를 서울에서 만났어요. 지금 한일협회[27] 회장 하고 있는 김수한 씨가 '정주외국인'에 깜짝 놀라더만요. 참 좋은 용어라고요.

이 용어를 확대하면서 관광으로 온 사람들과 달라서, 또 견습으로 나와 있는 사람도 3개월이나 반 년 후에는 자기 나라로 돌아간다, 이게 일반적이 아닙니까? 그런 사람하고 달리 우리는 여기 살고 있는 사람이니까 아시다시피 2세, 3세, 4세까지 나와 있기 때문에… 지금 90% 이상이 일본에서 태어났습니다. 우리 같은 1세는 드문 케이스이고. 그러니까 미국식으로 생각하자면 생지주의(生地主義)가 되면 지금 재일동포도 다 일본 사람 아닙니까. 그런데 혈통 양계주의(血統両系主義)라 되어있기 때문에, 우리나라도 마찬가지지만…

이중국적제도(二重国籍制度)를 우리가 논리적으로는 인정을 하고, 우리가 한국에 가면 언제든지 한국 국적이 회복되고, 여기 있는 동안은 일본 시민권을 획득이 된다, 이런 식으로 하나의 주장

---

27) 한일친선협회를 말함. 김수한은 한일친선협회 중앙회 회장이다.

을 여기서도 하고 있습니다.[28] 그런데 일본 쪽에서는 귀화하라고
합니다. 귀화라는 것은 인간으로써 권리를 완전히 획득하기는 좀
어려운… 귀화라는 것은 부자나 잘 사는 사람은 문제없이 되지
만… 좀 나쁜 일을 했거나 못 사는 사람, 옛날은 세금을 어느 정도
안 바치면 귀화신청도 못했어요. 그리고 물장사니 목욕탕이나 파
칭코 등의 직업도 이전에는 다 차별했거든요. 그러니까 귀화는 이
사회에 좋지 않은 사람들만 남기고 차별이 더 심해지기 때문이라
는 것이지요.

범죄이든지, 무엇이든지, 한국 사람은 나쁜 짓을 한 사람이다, 이
런 식으로 보도가 되기 때문에… 우리는 오히려 지식인들이 귀화
하면 안 된다, 빛나는 사람들은 그대로 살고 사회에 호소해야 한
다, 하려면 본명으로 귀화하라는 식이지요. 그래서 최근 케이스는
손 마사요시(孫正義)지요. 또 마루한 파칭코 한창우(韓昌祐) 씨가
상공회를 운영하면서 일본 국적을 얻었지요. 우리나라에서는 육
영재단도 만들고 자기 마누라는 일본사람입니다. 그러나 분명하
게 한국에도 투자를 많이 하시고 있어요. 그런 면에서 이름도 한
창우, 통명을 안 쓰고 있어요.

그러나 어느 유명인사가 본명 사용을 주장하면서 통명을 쓰고 있
어 한국민단의 주요간부들 중에 왜 이런 분이 통명을 쓰는가 하고
유감으로 생각합니다. 우리는 이천 서씨(利川徐氏)로 본명을 쓰고
있는데, 일본 오사카부에 묘를 만들어 놨어요. 자택에서 15분 거
리에. 몇 년 전에 제가 대구 군위에서 묘를 가져 왔어요. 왜냐하면
한국에 항상 왕래하기가 어렵고 시간도 없어서 할머니 생전에 허
락을 받아서 '너가 항상 올 수 있는 자리가 좋다' 해서 우리 집에

---

28) 大沼保昭·徐龍達 편, 『在日韓国·朝鮮人と人権(新版)』, 有斐閣, 2005, 제6장을
참조.

정부로부터 받은 훈장

서 15분 거리에 묘를 신설했습니다. 그런데 TV에서 강상중(姜尚中) 이야기가 나왔는데 도쿄대학 교수로서 유명하지만, 그분이 본명은 자기가 마지막이라고 이런 이야기를 하고 있어요. 이거는 우리 민족적인 차원에서 볼 때나 국제적인 시대에서는 좀 문제이지요. 강 교수도 큰일을 많이 하시긴 하셨지마는…

Q : 요즘 흔히 재일외국인이라는 말도 많이 하는데요. 조금 역사적으로 다르지 않습니까? 그래도 한조선인은 역사가 길고 식민지라는 경험을 가지고 있는데, 재일외국인도 정주외국인의 경우 같은 사고방식을 가져야 한다는 생각이신가요?

A : 예. 물론 우리가 시민운동 할 때 느낀 것은 우리 한국사람 뿐만 아니라 외국인의 경우 전반적으로 볼 때 차별이 아주 심하고 합니다. '헤이트 스피치(憎惡表現)'도 일본사회의 큰 문제가 되었지요. 우리가 한조선인만 아니라 인간적인 차원에서 좀 확대해서 중국

사람이나(지금이야 일본 재일외국인 많은 사람이 중국 사람이거든요), 우리 한국사람 숫자가 자꾸 떨어집니다만, 좌우간 온 세계에서 살고 있는 외국인도 일본에서도 살 수 있는 나라이어야만 진짜 국제국가(国際国家)다, 이런 식으로 우리가 일본사회에 호소하고 있습니다.

일본이 외국인 전부 다 일본 사람 되려고 한다면 미국식으로 생지주의를 하라, 생지주의를 하면 우리 동포들 90% 이상이 다 일본국적을 따게 되기 때문에 그런 것이 좋지 않을까요. 일본도 지금 인재가 부족하고 노동자가 부족하고 지금 외국인이 없으면 일본 산업구조도 유지가 어려운 정도로 위험한 상태에 있습니다.

그 점을 다 알면서도 아직도 차별이 심하고, 요번에 아베 수상 생각은 옛날에 식민지 지배에 관한 정신대 문제, 위안부 문제를 좀 다시 생각해야 한다고 합니다. 이런 수상이 나올 줄은 생각도 못 했지요… 여기 일본 나라는 또 옛날식으로 국군주의적인 희한한 나라가 될 가능성이 있습니다.

제일 근본적인 문제는 천황제도(天皇制度)가 아주 남아 있다는 것이지요. 제가 이런 강연을 했습니다만, 왜 일본 사람들은 패스포트에 국화(菊の御紋)가 나오느냐, 히노마루(日の丸)는 국회에서 국기(国旗)로서 인정이 되었다, 과거에는 없었는데 히노마루도 문제가 있지만은 그나마 히노마루는 법률이 되었는데, 패스포트에 왜 히노마루가 아니고 국화인가?…

천황제가 어디든 일본사람들이 외국에 나갈 때 자기 생명 다음으로 필요한 것은 패스포트인데, 돈이 아니라, 패스포트가 제일 귀중한 것 아닙니까. 그런데 국화가 나오는데 당신들은 이상하게 생각 안하느냐, 그걸 일본 사람들은 인식을 못한단 말이지요.

 그 천황제를 이용해서 우파들이 자꾸 힘을 확대하고 독도문제도 그렇지만…

Q : 지난 번 한국에 오셨을 때 독도문제 말씀도 하셨지요?

A : 예. 이 독도문제에 대해 나이토 세츄(內藤正中)[29]라는 시마네대학
(島根大學) 교수의 책이 있는데요. 이번에 그분의 책을 竹島＝獨
島는 한국 땅이라고 연하장에 기술하여 일본 회계학자에게 보냈
어요. 그 교수가 읽어 보라고요. 일본 사람이 쓴 거라고. (나이토
선생은) 아주 학술적이고 점잖은 사람이고, 일본 국가에서 훈장도
받은 사람이니까, 그렇게 아시고 잘 보시라고.

요즘 신문에서 보도하는 것도 옛날 '다이혼에이(大本營)' 발표처
럼, 전쟁에 지고 있는데도 이기고 있는 것처럼 보도하는 식이예
요. 그러니까 신문만 읽지 말고 이런 것도 읽어 보라고… 민비 암
살(閔妃暗殺)도 모르고 강화도조약(江華島條約) 때부터 침략을 시
작했기 때문에 '竹島·島根縣編入'의 1905년은 일본이나 러시아에
서 전쟁한 것이 아니라 우리 조선을 따기 위해서 조선 국내, 인천
이나 동해에서 전쟁을 했잖아요.

그런 역사를 볼 때, 한 나라의 왕비를 죽였는데도 죄도 안 되고 미
우라 고로(三浦梧樓)[30] 공사는 그 후에 가쿠슈인대학(學習院大學)
의 학습원 원장까지 되었어요. 일본제국주의의 역사적 과거를 반
성을 안 하니까 옛날의 제국주의가 또 나온다고… 주목할 문제이
지요.

---

[29] 1929~2012. 시마네대학 교수이며 법문학부장 역임. 『史的検証 竹島·独島』(岩波
書店, 2007)에서 독도가 한국영토임을 서술했다. 일본 외무성 발표문을 비판한
책도 있다. 内藤正中 저, 『竹島＝独島問題入門』, 新幹社, 2008.

[30] 1846~1926. 군인, 정치가이며 1895년 주한공사로 부임했다. 명성황후 시해에 직
접적인 책임이 있다. 角田房子 저, 『閔妃暗殺―朝鮮王朝末期の国母』, 新潮社,
1988년을 참조.

좌우간 우리나라가 정신 차려야 하는 것은 한일회담 때의 한일백서 같은 것도 나와 있지만 이런 걸 잘 못하면, 돈바람에 넘어갑니다. 박정희도 유상 무상 5억 불 받아서 잘 썼다고 하지만 김종필도 제주도에 농장 만들고. 그런 식으로 돈 가지고 민주화투쟁을 압살하고 일본하고 손을 잡았는데, 결국 일본이 식민지 지배에 관한 반성을 못했잖아요.

[부기] 2014년 서용달교수의 동향

①

지난 2014년 3월 8일, 재일한국장학회와 재일한조선대학인협회 주최로 오사카 한국인회관에서 개최된 '시국공개강연회'에서 독도 영유권 문제가 논의되었다. 서용달 모모야마가쿠인대학(桃山学院大学) 명예교수는 「新しい韓·日関係のあり方─日本固有の領土とは何を意味するのか」에 대하여, 일본제국에 의한 침략의 의미를 강연하였다. 구체적으로는 대만(台湾)과 한조선의 식민지화에 의한 고유 영토로, 또는 「琉球処分」에 의한 오키나와(沖縄)의 일본영토화, 더우기, 마츠마에한(松前藩)에 의한 홋카이도(北海道) 아이누 민족 영토의 약탈에 의한 '일본 고유의 영토'화의 사실(史実)을 명확히 하였다. 『KOREA TODAY』(오사카 본사) 2014년 4월호에 그 내용이 보도 되었다.

②

「소개(疎開)로부터 70년, 일본에 우려」

미국과의 공투, 테러의 표적이 될 걱정도(米との共闘、テロ標的の恐れも)

모모야마가쿠인대학(桃山学院大学) 명예교수 서용달 씨(81세)도 국민학교 6학년이었던 44년 가을, 오사카에서 시가켄(滋賀県)의 고카(甲賀)지방으로 피난(疎開)했다.

서 씨는 일본의 통치하에 있었던 조선반도의 부산에서 태어나, 9살 때 아버지가 경영하는 철공소가 있는 오사카시 나니와구(大阪市浪速区)로. 피난처(疎開先)에서 지방에 있는 학교에 다녔지만, 식량사정이 극히 어려워, 항상 공복이었다. 학교가 쉬는 날에는 농가의 일을 도와서 감자나 누에콩을 받아서 끼니를 떼워 연명했다.

국민학교 졸업식 준비를 위해서 오사카에 돌아왔던 45년 3월, 미군의 B29 폭격기가 날라왔다. 거리는 대량의 소이탄(焼夷弾)으로 불길 속에 휩싸인 가운데 아버지와 함께 강까지 도망갔다. 동급생이 10명 정도 죽었고 피난(疎開)비용도 지불되지 않은 채 오사카에 머물러 있던 친구도 있었다 한다.

전후(戦後)에는 회계학을 배워, 71년부터 모모야마가쿠인대학의 교수로 취직했다. 일족의 묘지를 나라시(奈良市)의 자택 근처에 신설한 서 씨는 지금, 일본에서 생활하고 있는 시민의 한 사람으로써 우려한다.

모국·한국은 베트남전쟁 중 미국의 요청으로 약 32만 명을 파병. 5천 명의 전사자를 냈다. 집단적 자위권을 사용할 수 있는 나라가 되면, 일본도 같은 상황이 될지도 모른다고 서 씨는 생각한다.

미국은 '세계의 경찰관'으로서 각 지의 분쟁이나 전쟁에 개입. 테러의 타겟이 되어, 미국 내의 이슬람 교도는 차별이나 괴롭힘을 당했다. 서 씨는 "일본도 테러의 대상으로 들어가, 외국인을 적시하는 무드가 생겨날지도 모른다. 이러한 풍조가 '반전의 소리(反戦の声)'를 억누르는 것을 역사로부터 배우지 않으면 안된다"고 지적했다.

※ 학동피난(学童疎開) : 미군에 의한 본격적인 본토 공습에 대비하여, 1944년 6월 30일에 도조(東条) 내각이 내각회의에서 결정한 정책.

1)도시를 지킬 때 방해가 되는 아이를 지방으로 보내어 생활하게 함. 2)차세대의 전력(戰力)을 온존(溫存)하는 것이 주된 목적이었다고 한다. 적어도 전국 13도시의 아동 40만 명이 학교단위로 피난(疎開). 44년 8월 22일에는 오키나와(沖繩)에서 나가사키(長崎)로 향하던 피난선(疎開船) '対馬丸'가 미국 잠수함의 어뢰(魚雷)로 침몰했다.(『朝日新聞』, 2014년 6월 30일자)

③

지난 2014년 9월 1일, 서울 리츠칼튼호텔에서 열린 '한일 고교 자매결연 30주년 기념 기조강연'에서 서용달 모모야마가쿠인대학(桃山学院大学) 명예교수는 '한·일 교류의 기초로써 새로운 "Elise 조약"을' 주장했다. 1965년의 한일기본조약은 2015년에 50주년을 맞이하게 되는데 한일조약은 대일본제국에 의한 식민지지배가 반성이 되지 않은 상태로, 오늘에 있어서 한일관계의 위기를 초래하고 있다. 그 반성 아래에 새로운 한·일관계의 근본적인 우호증진을 위해서는, '견원지간'이었던 프랑스와 독일이 체결한 「Elise 조약」(1963년 1월)의 평화조약을 한국과 일본과의 사이에 새롭게 체결할 것이 필요하다고 역설하였다. 결국 일한 기본조약의 개정판으로 '무라야마(村山)담화'랑 '고노(河野)담화'의 조약문 가입·국회 결의를 요구하고 있다(서울·선린 인터넷고등학교와 오사카·간사이오쿠라 고등학교의 교류 30년, 서용달 씨「자매교라면 교류를 착실하게 하라」, 『統一日報』, 2014년 9월 10일자).

민족교육의 연구자이며 실천가

- 이름 : 박병윤
- 구술일자 : 2013년 3월 3일
- 구술장소 : 서울 광화문 교보빌딩 근방 해외교포문제연구소 사무실
- 구술시간 : 80분
- 구술면담자 : 동선희, 김인덕
- 촬영 및 녹음 : 성주현

■ 박병윤(朴炳閏)

1937년 일본에서 태어나 해방 후 잠시 한국에 돌아왔다가 한국전쟁 때 다시 일본에 밀항했다. 중·고등학교 과정을 건국학교(백두학원)에서 다녔고 대학은 도쿄에서 일본대를 다녔다. 모교인 건국학교에서 이사를 지냈으며 민단 중앙본부에서 활동했고, 특히 1990년대에는 지문날인반대운동에서 지도적인 역할을 담당했다. 재일 2세, 3세를 위한 민족교육에 관해 연구하고 다수의 논설을 발표했으며 2008~2009년에는 코리아국제학원의 교장을 역임했다.

■ 인터뷰에 관해

박병윤 선생은 현재 공직에서 물러나, 지인의 입을 빌면 '자유인'으로 살고 있다. 거침없는 사고방식과 생활방식으로 한국, 일본, 중국을 정력적으로 왕래하며 사람들과 만나면서 자신의 관심사인 역사 문제, 교육 문제에 대한 탐구를 계속하고 있다. 인터뷰는 서울 광화문에 있는 해외교포문제연구소 사무실에서 이루어졌다. 본인의 강한 의향에 따라 인터뷰는 개인사에 대한 내용은 가능한 한 줄이고, 재일코리안의 민족교육에 대한 본인의 경험과 비전에 관한 내용을 중심으로 이루어졌다.

■ 구술 내용

인터뷰에 임하는 생각

Q : 저희의 인터뷰 취지는 재일동포들의 다양한 삶과 문화를 직접적인 증언을 통해 배우고 싶다는 것입니다. 선생님께서는 민족교육에 대해 많은 노력을 해 오시고 생각을 많이 하셨기 때문에 특히 그 부분을 중심으로 말씀해 주시면 감사하겠습니다.

A : 2세들이 다 거의 비슷한 삶인데, 내가 조금 다르다 하면, 보통 2세들은 민족을 모르고 살았는데 나는 민족을 알고 살았어요, 이국땅에서. 그것은 고등학교까지 민족교육을 받았다는 거지요. 그 한마디면 다 정리돼요.

그것도 좌, 우의 민족교육이 아니고 통일을 지향하는 민족교육의 핵심장소에 있었다. 이 두 가지가 다른 2세들하고 다르기 때문에 거기서 자연히 나오는 것은 통일지향적 민족교육을 받았기 때문에 냉전구조에 대한 그, 갈등 있지 않습니까?

일본에서는 재일교포는 교육을 구심점으로 해서 하나로 가까워져야 한다. 그런 생각이 계속 있었기 때문에. 다른 2세들은 '저 사람은 한국에서 온 사람과 똑같네.' 하겠지만.

삶에서 차별을 받은 경험은 거의 없고, 또 아버지 덕택으로 경제적으로 뭐, 보리고개도 모르고 자라났고 하니까 조금 보통 일반적인 2세들과는 조금 다른 삶이었습니다.

2세들의 우등생이라면 차별을 '이렇게 물리치고 싸워서 당당하게 살았습니다' 하는 것이고, 나는 그전부터 별로 그런 쪽이 아니지요. 그러니까 빼앗기기 전에 빼앗기지 않도록 몸에 갖춰야 되고, 차별을 받기 전에 차별을 안 받게끔 하는 것이 중요하지. 차별 받고 난 다음에 싸워봤자 분풀이밖에 안 되잖아요.

갈라진 걸 어떻게 일본에서 하나로 해보자는 것이 진짜 역사적으로 보면 올바른 삶이고 그게 재일동포의 미래를 전망하다면 그것이 바람직한 미래상이 아닌가. 결론적으로는 지금 이야기한 걸로 다 끝나버리죠.(웃음)

어린 시절의 기억

Q : 어디서 태어나셨어요? 어릴 때의 기억에 대해 말씀해 주시겠습니까?

A : 1937년생이니까 76세가 되네요. 마지막 2세가 됩니다. 어떻게 보면 조금은 1세가 남고 거의 대부분 2세지만은, 이제 2세들도 저세상에 가는 세대에 접어들었어요. 그러니까 3~4세에 대한 하나의 유언이라고 하면 뭐라 하겠지만은, 기대감을 가지고 말할까 싶은데요.

1937년이지만은 실은 기억이 나빠서인지, 8·15를 한국에서 맞이했는지 일본에서 맞이했는지 기억이 없어요. 그만큼 어려웠단 거죠.

다만 일본에 있을 때, 저녁노을 같은 거 있지요. 저녁노을이라고 지금은 기억이 있는데, 그게 전쟁불이었습니다. 공장이 타는 붉은 화재가 전쟁이었지요.(웃음)

여름에는 하나비(花火), 불꽃 소리가 크지요. 그 불꽃을 일본에서 태어나서 몇 년 간 한국에 있다가 일본에 들어갔을 때 일본의 화려한 여름 불꽃을 들으니까, 7살 때 들은 전쟁의 기억이 났어요. 그래서 처음에 불꽃이 무서웠어요.

그래서 이제 8·15도 한국인지 시모노세키인지 몰라요. 아버지가 엄마 따라서 가라고 해서 오니까 한국이었어요. 조금 있다가 3년인가, 될까 말까 아마 해방은 일본이었겠지요.

왜냐하면 6 · 25가 5년 후지요. 3년도 있을까 말까 할 때 6 · 25가
터지니까 아버지가 걱정하셔서 사람을 보내서 일본으로 오게 되
었으니까 밀항자가 되어 버렸어요. 일본에서 태어났지만은 밀항
자가 되었으니까. 1965년 한일회담 때 이런 사람들은 일단 제외했
죠. 법적 지위로서는 전후입국자가 되었어요.

디아스포라지만(웃음), 전후 입국자라고 1965년에 그렇게 우리를
처리했어요. 그건 법적으로 따지면 다른 문제니까 더 이상 말을
안 하겠습니다만.

일본에 들어가니까 그 짧은 기간에 일본말을 다 잊어버렸어요. 언
어라는 게 그런 것 같아요. 근데 일본말을 다 잊어버렸기 때문에
일본에 들어가니까 불편하죠. 그러니까 아버지가 조선학교에 보
내신 거 같아요. 제3초급학교. 그게 여러분들이 말씀하시는 우리
학교, 정식으로는 한신(阪神)조선제3소학교 3기생이 되죠. 거기서
1년 있다가 건국중학교[1])에 들어갔습니다.

한신초급학교와 건국학교

Q : 아버지 덕분에 건국중학교에 들어가셨나요?.

A : 그러니까 한신조선제3소학교에서 건국중학교에 들어가는 그 선택
   자체가 아버지가 그런 생각이 있어서 보냈는지는 모르겠지만 반
   동분자의 선택이 되요. 아버지는 지식인이 아니었으니까 반동이
   무엇인지 모르잖아요.

   친구들은 거의 조선중학교에 갔습니다. 그 친구들은 조선대학까
   지 가게 되면 3기생이 됩니다. 계속 그대로 올라가면 조선대학 3

---

[1] 백두학원(白頭學院) 건국학교(建國學校)는 1946년 3월 1일 오사카에 설립되었다.
   초대 이사장은 조규훈(曺圭訓), 초대 교장은 이경태(李慶泰). 민족학교로는 처음
   으로 정규학교법인으로 일본 정부의 인가를 받았다.

기생이 되지요.

근데 나는 건국중학교에 들어갔기 때문에 건국중학교, 건국고등학교 3학년, 6년간 소위 말하는 일관산업(一貫産業)이라고 할까, 일관된 교육을 받았지요.

출생은 메이드인 코리아가 아니고 일본에서 태어났지만 조금은 한국에서 자라나고 하다가 그 후에는 재일이 되어버렸죠. 가공품이네요.(웃음)

그런데 교육이라는 게 가공품으로 안 되죠. 일관성이 있어야 하죠. 교육관이 있어야 하고 부모들이 민족관이 있어야 하고… 국가관이 있어서 애를 학교에 보내는데. 그런 아버지는 아니고, 흔히 말하는 징용징병으로 끌려간 아버지는 아니었지만, 강제노동은 아니었지만 간접적인 강제노동… 징용은 직접이죠. 농촌에서 머슴살이 하다가 살 길이 없어서 일본에 간 것이니까 식민지가 없었으면 아버지는 일본에 안 갔어도 되는 거죠.

모든 원인은 일제… 일제의 아픔이라는 것은 나는 국민학교 다닐 때도 심한 차별을 받을만한 민족의식이 없었던 거 아닙니까? 그게 동화교육이지요.

Q : 건국학교에서 우리교육을 받으셨는데 거기서 배운 내용을 좀 더 말씀해주시겠어요?

A : 그러니까 백두학원에 가니까 6년간은 지금 말하면 북도 아니고 남도 아닌 학교였습니다. 민단도 아니고 그 당시는 연맹이었지만 그 후에는 조선총련이 되지요. 계속 서울이나 평양하고는 관계가 없는 학교.

지금 제가 그 학교를 한마디로 표현하자면 통일을 지향하는, 남과 북을 합친 '남북공학의 민족학원'이라고 표현합니다. 그렇게 규정하고 있습니다.

내가 그렇게 체험을 했기 때문에 다른 동창들은 어떻게 받아들였는지는 모르겠지만, 그야말로 통일을 내다보고 남과 북이 같이 교육을 받은 민족학원이었습니다. 그러니까 남과 북을 지향하는 국민학교는 아니었어요. 지금 한국은 국민학교죠. 대한민국의 국민을 만드는 학교죠? 국제화라고는 하지만…

Q : 한국에서 초등학교라는 명칭으로 바뀌기 전에는 계속 국민학교였어요.

A : 세계화, 국제화라고 하지만 국민교육시대 아닙니까. 아직까지는 어느 나라라도. 국익을 위하고 국제화가 아니고 일단 내 나라, 내 국민으로 교육을 시키는 그런, 음 세계가 보편적으로 그렇지요. 벌써 50년 전에 북의 국민이면서도 북의 국민이 아니고, 남의, 남쪽의 국민이면서 그런 국민이 아닌, 남북을 통틀어 놓고 하나로 묶은 그런 국민교육을 지향하면 민족교육이라고 표현할 수밖에 없죠. 그 학교에 가니까, 그 학교에 가기 전 한신소학교에서는 '장백산 줄기줄기' 하고 '아침은 빛나라' 하고. 그 당시는 연맹이 강했지요. 민단은 존재조차, 이름은 있어도 실체가 없는 그런 약한 존재였기 때문에…

그 초급학교에 다녔을 때 이야기인데 사실 교재가 어떤 것인지, 어떤 것을 가르쳤는지. 한 시간부터 점심시간, 오후… 그런 체계적인 교육은 없었습니다. 동포 2세들이 모이는, 그 환경이 바로 교육이었죠. 다른 애들로 보면은 아마 그럴 겁니다. 일반학교는 그야말로 훌륭한 건물이지만, 우리학교 오면 초라하고 또 학교답지도 않고. 그렇지만 그 2세들로 보면 그 학교가 훨씬 좋았던 게 아닙니까.

제가 제일 처음에 다녔던 학교²⁾는 6조(畳)³⁾ 반(半)이었어요. 6조. 다다미(畳) 6조 있지요? 그런 방에서 생도가 열 명도 없었던 게 아닌가. 그런데 1년도 안 지나고 한신조선초급학교가 신설되었죠. 그래서 거기 옮기니까 교사(校舍)가 있고 변소가 있고 교원들이 정식으로 있고.(웃음)

거기에 조금 다니는 동안에 다른 2세들하고는 달리 일본말은 모르지만 그때는 한국말을 가지고 들어갔죠. 그러니 애들이 보기에는 신기하죠. '너는 일본말 모르나' 이러는 건데, 1년쯤 있다가 건국에 가니까 조금 한 시간 뭐뭐, 두 시간 뭐뭐 이렇게 정식으로 체계화되어 있었고 담임선생님도 계시고 출석도 부르고 학교다녔죠.

근데 '장백산 줄기줄기'도 없고, '아침은 빛나라'도 없고 '동해물과'도 없고.(웃음) 교가가 있었지요. 교훈이 있었어요. 교가, 교훈, 교기가 있지요. 근데 인공기도 없고, 태극기도 없었어요.

그런데 내가 국가의식이나 민족의식이 혹시 강했으면 어떻게 되는가, 우리 쪽은 어떻게 되는가 하는 소박한 의심을 가졌을 텐데, 중1 때는 좀 어려웠어요. 그때는 벌써 남과 북이 싸우고 있었을 때니까. 그런데 백두학원 운동장에서는 남과 북의 전쟁이 있어도 별로 거기에 대한 뭐라 할까, 이쪽이 좋다던가, 저쪽이 좋다던가, 어떻게 되었다든가, 이런 화제는 별로 없고 그저 전쟁 중이구나. 뭐 이런 중학생이니까 그 정도의 경험밖에 없었는데, 조금 있다 보니까 편입생들이 들어와요. 이게 나하고 비슷한 후발자들이죠. 나하고 똑같은 밀항으로 들어온, 전쟁을 피해서 온 사람들이 3분의 1로 늘어나요. 그러다 보니 우리말이 자꾸 불어나죠. 일본말

---

²⁾ 한신(阪神)조선제3소학교를 말함.
³⁾ 다다미 수로 면적을 나타내는 단위.

모르는 동창생하고 일본말밖에 모르는 동창생들이 비빔밥이 되어
버린 거죠.

근데 학교 행사라는 것은 입학식이 있고, 문화제, 운동장, 졸업식,
소풍이 있는데, 그 당시에 우리가 학교 다닐 때는 체육회도 인공
기, 태국기가 없고 그리고 교가는 이제…

Q : 교가(校歌) 기억나세요?

A : '백두, 금강은 우리의 기상, 압록 두만 흐름은 우리의 발전. 건국의
종소리에' 이렇게 3절까지 해요. 백두하고 금강하고 연결시키고.
우리 영봉이니까 하나가 되죠. 거기는 분단이 없어요. 나중에 그
걸 알았지요. 노래 자체에, 그러니까 무의식으로.
운동회 때는 통일행진이 있었어요. 꼭 통일행진이 있어요.

Q : 그게 어떤 거지요?

A : 군대가 행진하는 것과 비슷하죠. 초등학교 1학년부터 고등학교 3
학년이, 제일 앞에는 고3이 서고, 마지막에 초등학교 1학년이 따
라오고, 음악대라 하나요. 음악부 애들이 하면 그걸 따라가고…
 학교기를 세우고 20분쯤 행진을 하는 중에, 사회가 '우리 학교는
이렇게 해서 이렇게 이렇게 되었습니다' 하는 학교의 역사, 나라
가 하나가 되어야 한다든가, 모르는 사이에 사회교육이었지요.
선수들이 운동회 때 앞에 줄을 서잖아요. 줄을 서면 교사들이 앞
에 서요. 조회할 때 같이. 교장이 맨 앞에 올라오시고, 교장 선생
님의 인사가 짤막하게 있지요. 그걸 짤막하게 하고난 다음에 꼭
있는 관례가 '조국의 자주적 완전 평화 통일 만세!' '조국의 자주적
평화 통일 만세!' 만세삼창이 이거예요.
그리고 학생들한테 만세삼창을 시켜놓고 운동장에서는 평화의 비

둘기, 통일의 비둘기가. 그건 전쟁이 아니죠. 조국이 싸우고 있을 때 우리는 평화교육을 받았습니다. 그런데 그게 되겠습니까. 남에 도 북에도 그게 될 수 있을까. 총련에서도 연맹에서도 그렇게 할 수 있었던 건가? 민단에서는 더군다나. 그러니까 낙원입니다. 완 전히 학생들로 보면은 교육이라는 환경이 낙원이었죠.

나는 그 학교를 재일동포 제일 부족한 게 민족 그리고 자연. 그리 고 뭣이던가. 통일이던가. 그게 세 가지가 삼위일체가 되어서 거 기에 있다고 느끼게 되지요.

자연이라는 것은 이런 데서 교육을 받으면 자연이 없지 않습니까. 사계절을 못 느끼지요.

건국에서는 사시절을 느낄 수 있었어요. 학교가 정원 가운데에 있 었기 때문에. 역에서는 가깝지만 10분도 안 걸리는데 해방 직후니 까 집이 없었어요. 학교 울타리도 없었고 운동장은 울퉁불퉁하고.

Q : 지금 자리 그대로였습니까?

A : 예. 학교 주변에는 민가가 없었어요. 역에서 보면 학교가 보이고, 그러니까 학교에 가면 여름에는 남의 밭이기는 하지만 토마토밭 에 들어가서 토마토 먹고, 수박 먹고. 내 기억에는 원두막 같은 것 도 있었어요. 원두막이라는 게 우리 거 아닙니까?

그런 것이 있던 기억이 지금 있기 때문에, 백두학원 근처 논밭에.

Q : 묘가 있는데 지금 예전에도 있었나요?

A : 묘는 옛날부터 그대로 있고, 학교 담이 있긴 있었는데 담이라고 할 수 없죠.

그러니까 자연이 있다, 계절감을 느낀다… 어렸을 때 계절감 없이 자란 애는, 내 편견이지만 문제가 있다고 보고 있고, 어렸을 때 민

박병윤 선생의 구술장면

족을 모르고 자라나면, 김치맛을 모르고 자라나면은 이게 이상해져요. 닥꽝을 먹고 자라난 게 재일 2세니까.

그러니까 이제 김치맛을 알고, 계절감을 느끼고, 그 삼위일체에다가 같은 핏줄을 나눈, 같은 동무들끼리 싸우고 울고 놀고 하니까 이게 통일국가지요? 그것은 통일국가에서 느낄 수 있는 생활이었죠.

Q : 건국학교는 선생님 인생에서 가장 원형이죠?

A : 네 원형이죠. 교직원실에 가면 소위 말하는 붉은 교원이 있었던 것 같습니다. 그리고 색깔논쟁 같은 것이 교직원들 간에는 심했던 것 같아요. 6·25 때니까.

Q : 그것이 어떤 것이었지요?

A : 아마 그것은 고등학생들은 느꼈을 텐데 중학교 때는 좀 어려웠어
요. 내가 고등학교 가니까 그게 뚜렷하게 보이는데. 선생님들은
사회과라든가 역사를 가르칠 때 노골적으로는 말씀을 안하시지만
은 사회과 같은 선생님들은 말씀하시는 게 이쪽이 좋다가 아니고
붉은색이 좋다고 하는 게 아니고, 소위 사회를 보는 시각을 가르
치시죠.

거기까지는 틀이 있었던 것 같아요. 반공은 영 없었고. 또 북이 좋
다는 것도 영 없었고. 그나마 학교 벽에 걸어져 있는 거는 '우리말
을 사용하자'라든가 '문화재'라던가, '3·1절'이라고 하던가, '광주학
생의 날'이라던가 '8·15'라던가.

민족의 공동행사는 색깔 상관없이 학교에서 행사를 하기 때문에,
8·15 때는 일본 애들은 쉬는데 우리는 가야 하니까, 그 자체가 벌
써 '왜 일본 애들은 우리는 학교 안 가고 노는데 우리는 가야 하
나' 그게 바로 교육이죠. 8·15 때 가야 하고 3·1절에 가야 하고.
(웃음) 그런데 마지막에는, 체육회 때도, 항상 교장선생님의 훈사.

이경태 교장과 4·24 교육투쟁

Q : 이경태(李慶泰)[4] 교장선생님은 어떤 분이셨어요?

A : 무서운 분이었죠. 얼굴만 봐도 무서워요.

그러니까 나는 졸업해서 영향을 받은 사람이예요. 나중에 알게 되
니까 보통 사람이 하는 일이 아니구나, 보통교육관으로서는 안 되
는구나. 있을 때는 몰랐죠. 대학교에 가서 4·19를 경험을 하고 유
신체제를 알고 하니까.(웃음) 야 참 보통 곤조(根性, 근성)라 하나,

---

[4] 1911~1999. 경남 출신이며 고학으로 간사이(關西)대학을 졸업하고 오사카에서 교
편을 잡았다. 해방 후 백두학원 건국소학교, 중학교, 고등학교를 창설하여 학원
장 겸 교장을 역임했다.

보통 신념으로서는…

Q : 이경태 선생님의 신념은 무엇입니까?

A : 민족교육이었죠. 그걸 중립이라고 하지만.

훗날 내가 알게 된 것은 일제시대 때도 태극기고 해방 후도 태극기고 1948년 8월 15일, 이북은 9월 9일이지요? 아마 태극기였다고 이해하고 있습니다만. 백두학원도 창립 후 1948년까지는 태극기였습니다.

그런데 9월 9일이 되자마자 엄마 아버지가 갈라지니까, 이러면 안 되겠다. 학생도 교직원도 아니고 자연히 갈라진 한쪽으로 가면 안 된다. 뭐 교장선생님 생각이었겠지요, 아마. 교직원들도 교직원회를 통하지 않으면 그것은 안 되는 일이었죠.

물론 그것은 그런 절차를 밟고 태극기를 내리고. 그건 8·15가 아니고 9월 9일 이후겠죠. 그리고 난 후에는 계속 중립이라고 비판을 받고, 조련 쪽에서는 반동교육이라는 낙인을 찍게 되고.

바로 1948년 4·24 교육투쟁 때죠. 그러니까 4·24 교육투쟁 때는 8·15 전이고 9·9 전이기 때문에 그런 남북의 색깔을 가지고 갈라지는 건 없었죠. 대상은 일본이니까. 적은 일본이고 점령군이었기 때문에 거기에서는 공통적으로 공통분모가 있죠.

그런데 데모를 4월 언제든가? 나카노시마(中之島)에서 했든가? 그 모임을 했지요. 그때 이경태 선생이 재일조선인교육자협회 회장이 아니었나 싶어요. 그런 결정을 냈지요. 냈지만 자기가 없는 사이에 그런 결정이 나왔다고 해요. 그날 학생들까지 모임에 데리고 나가는 문제에 대해서 이경태 선생님은 학교에서 그 문제를 가지고 자기가 그렇게 지시를 냈다고는 말씀을 안 하셨어요. 나중에 몇 번이나 얘기했는데, 교직원들의 동의가 있어야 되고, 학교에

맡긴 애를 부모들 허가 없이 어떻게 데모를 시키느냐. 그러니까 부모들 허가를 받아야 되고, 교직원들의 동의도 있어야 하고. 그래서 학생들이 데모를 가는 것은 문제가 있다고 합의를 본 거 같애요.

다만 생도들의 판단으로서, 생도들이 가는 것은 억지로 막을 수 없다. 라고 해서 고 3인가 고 2생들은 갔을 겁니다. 그것은 학교가 강요한 게 아니고 고등학생들의 판단이죠.

Q : 자발적으로 한 것이죠?

A : 그것은 이해할 수 있겠지. 고등학생으로서 당연한 것이지. 그렇다고 해서 중학생까지 고등학생들이 강요한 것은 아니지. 그 체험자들은 오사카에서 몇 명 만날 수 있을 겁니다.

백두학원의 1, 2기생. 1, 2기생들은 거기 가서 물총을 받고, 김태일[5]이 총살을 당하는 장면에도 아마 있었을 겁니다.

그러니까 반동교육인지 교육투쟁에서 탈선한 것인지. 그거는 4·14를 일본과 미군의 교육탄압이라고 판단하고 결사적인 정치투쟁까지 해야 한다는 그런 노선까지 격상시켜야 되는지. 아니고 교육은 교육의 범위가 있고 애들의 맡은 책임이 있고, 하니까 교육자의 책임은 여기까지라고 판단하신 게 아닌가 합니다.

그 후에 일경(日警)들이 가택수사를 했는데, 교장 선생님은 회장이라는 것 때문에 거기에 대한 책임은 있었던 게 아니겠습니까. 그때 우연히도 그때 백두학원만은 인가 신청을 했을 때 아니었던가? 그게 제1조교(條校),[6] 그런데 그 후에 각종학교로서 신청하라

---

5) 당시 16세였으며 1948년 4월 26일 한신교육투쟁 와중에 사살을 당했다.
6) 일본의 교육법 제1조에 준해 운영되는 학교를 말한다. 그렇지 않은 학교는 각종 학교의 지위를 갖게 된다.

고 된 것이 아닙니까. 백두학원만은 1조교로서 허가가 나왔기 때문에 그 결과를 보고, '봐라. 그렇지 않느냐' 하는 비판이 나오겠지만, 그건 자료를 보고 판단을 하시면 되겠습니다만.

백두학원 이사 활동과 태극기 계양문제

Q : 선생님은 건국학교, 백두학원 이사를 얼마나 하셨어요?

A : 이사는… 내가 58년에 졸업하고 59년이 소위 북송, 귀국선이죠? 65년이 한일회담이지요. 72년이 7·4지요.

7·4 때 서서히 백두학원에 문제가 생깁니다. 파견교사들이 이제 들어오시고, 국어라든가, 지리, 사회, 역사 이런 과목은 파견교사에게 교육을 받아도 된다 하고 생각하셨던 게 아닙니까. 그건 뭐 당연하지. 음악 선생님이라든가.

그런데 그 교원들 안에는, 교원이 아닌,(웃음) 소위 유신체제 때니까. 아닌 일을 하시는 교원들도 섞여 있었던 것 같애요.

그러니까 그런 선생님들을 통해서 학교 현장이 공관에 보고가 가면은 교직원 내부에 분열이 생기지요. 또 1965년 이후 한국에 거래를 하게 됩니다. 북하고는 길이 막혔죠.

제가 동경에서 오사카로 내려오는 게 71년인가 그때쯤이죠. 58년에 동경에 갔다가 71년쯤에 집으로 돌아옵니다. 돌아와서 결혼을 하고 애를 놓고, 애가 소학교에 들어갈 때 그게 바로 82년쯤으로 접어듭니다.

그런데 백두학원에 이사회 구성이라는 것은 별로 없었어요. 별로 없었는데, 이제 교장 선생님이 점점 나이가 드시고 하니까 후계자 문제가 생기고.

이러는 사이에 제가 이사회라기보다도 교육의 재건을 생각했어요. 아 교육을 이어받을 때로구나 하고 느끼면서 교육 재건을 위한 제3회 교유회(教諭會) 총회를 1972년에 열었던가요?

그동안에 나는 교장 선생님하고 자주 접촉을 했어요. 4·14 때 이야기, 학교를 만들 때 이야기, 허가를 받을 때의 이야기를 들으면서. 이제 1976년도에 결국은 이사회가 어떻게 개편되었는가 모르겠습니다만, 이경태 교장선생님 사임식. 사표가 아니고, 사표를 내면 교장 선생님을 그만 두고 이사도 안 되게 되지요. 그런데 보류상태였던 건가? 그러는 와중에 이사장이 바꿔지시고, 강 뭣이던가.

그래서 1982년도에, 제가 이사회에서 교장 선생님과 자주 접촉을 해서, 그 당시는 이경태 선생님이 아니고 이석정 교장 선생님한테 내가 계속 '유치원을 신설하시오. 지금 뉴커머가 많이 들어왔습니다. 또 유치원부터 밑바닥을 올려야 됩니다.' 하고 말했기 때문에 '그럼 유치원을 하겠습니다.' 하고, 그래서 82년부터 유치원을 시작했어요.

유치원이 신설되었다고 하길래, 난 조건을 붙였어요. '유치원을 신설하시면 나는 이사를 하겠습니다.' 했더니 여섯 명의 유치원 신입생을 모집하니까. 뉴커머 아이가 한 명이고 나머지는 재일동포 3세.

그러니까 PTA라 하죠? 학부모회를 활성화시켜야 하죠. 학부모회를 활성화시키고 난 다음에, 언제인지 모르겠습니다. 팔십 몇 년도에 내가 평의원이 되고, 그리고 코리아 국제학원 교장을 하다가 몇 년 전에 그만두었어요.

내가 졸업하고 난 다음에, 태극기를 게양하고 난 다음에 이사가 되니까 참 어려웠습니다. 그러니까 태극기를 게양할 때는 저 나름대로 태극기가 없을 때 입학한 우리들하고 태극기를 하고 입학한 애들하고 어떻게 연관성을… 또 부모들도 태극기가 없다는 것을,

인공기가 없다는 것을, 그런 교육이라는 것을 믿고 애를 보냈고, 또 그렇게 교육을 받은 재학생들, 그걸 다 제쳐 놓고 태극기를 그냥 올린다는 것은 이사회의 결정 가지고서는 문제가 있습니다. 그래 교직원회의, 학부모회의, 그리고 생도회의, 그리고 교육회의 절차를 밟아서, 다수결이 아니지만은 반대하는 사람이 있더라도 그런 절차를 밟고 계양하는 것이 절차입니다 하는 절차론을 강조했던 것이지.

그런데 저 사람은 반대를 했다든가, 반대 측에서는 그렇게 말하기 쉽죠. 그래서 한국에 오니까 '좀 이리 오시오.' 하는 것이죠.(웃음)[7] '원래 그런 사람인데 백두학원을 기회로 해서 당신이 끼어서 그렇게 한 것이 아니냐?' 하고요. 나는 절차를 밟으라 했는데요. 유신체제는 반대를 했어요. 그쪽은 절차를 밟으라는 것을 '반대하고 있기 때문에' 그렇다는 거예요.

근데 같은 교육생 중에도 태극기를 올려야 한다는 선두에 서는 선배들, 후배들도 많았어요. 그래서는 안 된다는 선배들 후배들도 있었어요. 그래서 갈라졌어요.

나는, 갈라지는 것은 이상하지 않느냐. 엄마한테도 아버지한테도 붙어서는 안 된다. 우리학교는 엄마 아버지가 사이가 좋았을 때 만들어진 학교인데, 그 뒤에 태극기를 올려야 된다는 사람들의 배경에는 아마 본인들의 뜻도 있겠지만은 공권력이 강하게 영향을 주었겠지요. 그래서 안 된다는, 절차를 밟은 사람은 공권력의 배경 없이 그저 민주주의 절차를 밟아라 하든가 뭐 이런 거니까. 인권운동 비슷한 성격을 가지니까. 거기다가 뭐 돈이 들고 이사회에서 결정을 했다고 하니까 1976년 8월 15일 날 계양을 했지요.

---

7) 보안사에서 조사를 받은 것을 말함.

그 뒤에서는 졸업생들끼리 해야 된다, 하면 안 된다 하고. 선배, 후배뿐만 아니라 동창생들끼리… 그래도 사이가 좋더라고. 그러니까 백두학원이죠.

그러니까 동창회 회장, 부회장 이런 걸 뽑을 때는 역시 패가 갈라지는데요.(웃음) 그러니까 분단이 들어오게 되는 겁니다. 65년 후에는 분단이 들어오게 됩니다. 오히려 그 원형이 깨지는 거죠. 그것은 어느 쪽인가에 원래 가담하는 결과가 되요.

Q : 한국에서 조사를 받으신 것이 언제입니까?

A : 보안사에 간 것이 1984년이예요. 정보부가 아니고 보안사령부니까. 건국학교 태극기 올리는데 뭐 주모자라든가, 이북에 누가 갔다 오는데 연락이 있었다든가 (의심)하더군요. 내 생각에 그것은 전두환 대통령이 일본에 가기 전이니까 사전 조사가 아닌가. 뭐 그런 점이 있겠지.

일본에서도 내가 민단에서 강연을 하거나 하면 영사관에서 다 보고를 하지요. 민단에서도 중요한 역할을 했고… '(박병윤은) 걱정이 없는 사람'이라고 해서 막아주는 사람도 있었어요.

통일지향 교육에 관해

Q : 선생님하고 친하게 지내던 동급생들 중에 기억나신 분들은 있나요?

A : 양동민.[8] 그 애가 곽동의(郭東儀)[9] 밑에서, 그 한민통[10] 있지요?

---

[8] 1937년생. 한민통 부의장 및 범민련 일본지역본부 의장 역임.

[9] 한통련 의장, 6·15해외측위원회 위원장 등 역임.

[10] 한국민주통일연합(韓國民主統一聯合). 1973년 8월 15일 재일교포들이 대한민국의 민주화와 통일을 위해 설립한 재일한국민주회복통일촉진국민회의가 1989년 한국민주통일연합(한통련)으로 명칭을 바꾸었다. 김대중 전 대통령이 초대 의장

그 책임자 아니었습니까. 북에 가서 무슨 기념관에서 사진까지 찍고. 김일성 주석하고 사진을 찍었다던가, 뭐 그런 소문이 있습니다. 지금은 거기 갔어요.

건국중학교 동창생인데 성영겁이라는 애가 조학동(조선학생동맹) 위원장으로서 제1호로 북에 갔죠.

남쪽에 온 친구는 김용해.[11] 지금 문제가 있는 카이스트(KAIST), 과학기술대학 거기에 초창기부터 온 애가 있어요. 지금은 퇴직했겠지만은… 카이스트 가면 색깔은 상관없지만.

같은 고등학교 동창생들은 한국에 왔다가 감옥에 10년 정도 들어 갔다가 나오기도 하고…

그 양쪽에 간 친구들이 다들 보니까 희생양이지요. 북에 간 애들도 참 우수한 애인데 소식이 없고, 남쪽에는 만나게 되니까. 그러니까 재일동포 1세, 2세들은 지금은 남쪽에 여권을 갖고 자주 왔다 갔다 하지만 원천적으로는 조국선택권, 국가선택권은 보류중입니다. 보류중이지요.

하나 될 때까지 기다리는 식민지 후손 아닙니까. 그렇다고 조국에 남북에 자유롭게 왔다 갔다 할 수 없다는 것은 식민지의 똑같은 연장선입니다.

그러니까 조국선택권은 보류중이지만은 자유왕래권은 원천적으로 양쪽에 있어야 해요. 그렇게 말하면 색깔로 보면 이상하게 되죠.(웃음)

건국 이야기를 하면은 그런 이야기가 자꾸 나옵니다마는, 남북이 이런 시대니까 교육을 구심점으로 해서 재일동포가 가장 뭉치기

을 역임했으며 곽동의, 배동호(裵東湖), 양동민 등이 주도. 1978년 한국 대법원은 한민통을 '반국가단체'로 규정함에 따라 관련자들의 한국 방문이 불허되었다.
11) 유기화학을 전공했고 카이스트 자연과학대학 학장과 석좌교수 역임.

쉬운 게 민족교육이지, 그것도 조금 부가가치를 부치면 통일을 지향하는 민족교육이야만이 재일동포를 하나로 묶을 수 있다. 추상적이지만은 그런 게 제 생각입니다.

Q : 통일지향 교육의 내용은 어떻게 해야 할까요?

A : 어렵죠? 간단하게 먼저 민족이 왔다 갔다 하고 정을 나누고, 한국에는 교육헌장 그대로 홍익인간대로 가르치고 민주주의 철저히 가르치고. 뭐 그 정도 하면은 초중고는 충분한 게 아닙니까? 철학적으로 이래야 한다는 것은, 어느 누구 그것은 과도한 요구지요. 짤막하게 이런 내용을 쓴 게 조금 있죠.

Q : 건국학교 시절에서 동경에 가서 공부를 하시잖아요. 그 시절 얘기 좀 해 주세요.

A : 그 시기도 좋았지요. 기숙사에 지금은 이런 얘기해도 되지. 시효(時效)니까. 홍이라는 친구가 있는데, 기숙사에 또 하나는 고 라는 친구가 있어요. 나하고 셋이서 기숙사 생활을 하는데, 하나는 조학동에 가서 부위원장 조직부장을 하고, 하나는 민단 한학동(한국학생동맹)에 왔다 갔다 하고. 같은 기숙사니까 토요일 일요일은 아르바이트 간다 하지만은 매일 공동생활이지요.

남이 좋은지 북이 좋은지 갔다 온 애들은 그런 말을 하는데, 색깔 논쟁이 기숙사에 있지만은 결국에는 왠지 안 싸워요. 기숙사에서는 안 싸워요.

그런데 그 중에 하나가 난 가겠다고 해요. '어디 가나' 하니 '평양에 간다'고. '니만 먼저 가라.'(웃음) 1961년도 4월달인가 5월달인가에 갔죠. 저한테 양복 책을 맡기고. 애인은 나한테 안 맡겼지만. (웃음)

애인은 있었어요. 그런데 편지를 나한테 전해달라고 했어요. 그
애인은 남자가 있었어요. 결국은 평양에 가니까 할 수 없이 그 남
자하고 붙은 거지요. 북에 가는 친구가 '내가 먼저 간다' 하니까,
여자동무가 '동무는 가시오. 나는 이탈리아 갈라요.' 음악을 하고
있었기 때문에 오페라 가수가 된다고. 그리고 '훗날에 만납시다.'
약속하고 헤어졌죠. 홍이라는 이 친구는 제일 처음 갔을 때 조금
소식이 있었는데.

홍이라는 친구가 중3부터 고3, 4년 동안 지냈지만 가장 머리가 좋
은 애죠. 제주도에서 온 애인데, 아버지는 고베에서 고무공장 하
시고 누나는 서울의 어느 세무소 소장의 부인이 되었다고 그래요.
아버지는 일본에 계시고 동생은 먼저 조대 졸업해서 평양에 가고
하니까. 그 훗날에는 아버지는 남쪽에는 없었죠. 외교가 수립되었
으니까. 근데 딸한테 만나러 안 와요. 또 평양에도 갈 수 있었는데

구술하는 박병윤 선생

평양에도 안 가는 거예요. 어느 쪽인가 갔다 오면 어느 쪽인가 못 가게 되니까. 소식만 아버지를 통해서 알게 되는 거지요. 아버지가 1995년에 돌아가셨어요.

Q : 혹시 선생님도 이북에 가신 일이 있나요?
A : 난 1997년도에 평양에 갔어요. 그때는 한국에서도 오케이고, 나를 북쪽에서 어떻게 볼까 그것이 걱정이었지. 그런데 북쪽에서 누구를 통해서든가, 꼭 조총련을 통해 갔다 오라고 해서 연락을 하니 '갔다 오시오' 해서.
　간 이유는 국제학술회의를 평양에서 하자는 제의가 있었기 때문에 사전 협상으로 평양에 가게 된 거지. 홍이라는 친구를 만나고 싶었지만 혹시 피해를 당할까 싶어서 말을 꺼내지 못했지.
　그 국제학술회의는 해외학자들을 중심으로 남과 북의 학자들이 모이자는 것인데 결국 북한에서 열리지 못했어요.

Q : 선생님의 경험을 통해 민족교육에 대해 꼭 해주시고 싶은 말씀을 해 주십시오.
A : 일본이나 한국이나 국제화시기를 말하는데 국제화시기에 가장 중요한 게, 특히 재일동포 입장에서는 그저 글로벌이라 해서 따라가는 것이 아니고 내 자신을 뚜렷하게 해 놓고 가는 것이 중요한데. 제 자신이 뚜렷하게 세우려면 한반도를 하나로 보고 민족을 하나로 볼 수 있는, 조금 단어가 딱딱하지만, 그런 민족적인 관점에서 통일 철학을 갖고 재일동포 입장에서 조국을 하나로 어떻게 뭉칠 것인가. 재일동포가 일본 땅에서 어떻게 하면은 하나로 접근할 수 있는가.
　이런 차원에서 재일동포가 삶을 꾸려나가야지. 그렇게 하기 위해서는 재일동포를 하나로 하는 공통분모는 그야말로 통일을 지향하는 민족교육이 구실점이 된다.

유태인들은 종교를 가지고 2천년 이상이나 민족을 끌고 왔는데, 화교는 어느 나라 가서도, 꼭 자기네들 말 쓰고 자기네 민족들이 똘똘 뭉치는 공통분모를 가지고 있는데. 그런 공통분모를 가지려면 최소한도 종교까지는 안 되지만은 이제 통일을 지향하는 교육이어야만이 되어야 한다고.

내 개인으로서는 일본에서 태어나서 일본에서 자라난 경험으로 보면 통일을 지향하는 민족교육은 통일할 때까지는 종교적이라고 보고 있어요. 나는 기독교도 안 믿고 불교도 안 믿고, 총련의 경우에는 통일을 지향하는 민족교육이라고 하면서도 한반도를 하나로 뭉치는 게 아니고 이기주의적인 그런 것이 들어 있기 때문에 순수한 민족 통일이 아니라고 나는 보고 있지.

일본 속의 제주도인

- 이름 : 양성종
- 구술일자 : 2013년 4월 4일
- 구술장소 : 한국광장빌딩 8층 문화센터 · 아리랑
- 구술시간 : 89분
- 구술면담자 : 김인덕, 동선희
- 촬영 및 녹음 : 성주현

■ 양성종

1939년 제주도 조천에서 출생하였다. 한국전쟁 일어난 1950년까지는 서울에서 생활하였다. 전쟁으로 고향인 제주도로 피난하였다가 1951년 아버지가 있는 일본 도쿄로 건너왔다. 와세다 대학 사학과를 졸업하였으나 취업을 할 생각은 하지 않고 한식 또는 중식, 일식 식당을 20여 년간 운영하면서 생계를 유지하였고, 제주도를 연구하는 탐라연구회에서 왕성하게 연구활동을 하였다. 이 시기 회지『제주도』와『탐라연구통신』등을 발행하는데 적극 참여하였다. 현재 췌장암으로 투병생활 중이다.

■ 인터뷰에 관해

양성종 선생은 제주도 출신으로 자부심이 대단하였다. 이러한 자부심은 인터뷰 내내 보여주었는데, 제주도와 관련된 내용에서는 힘주어 강조하기도 하였으며, 소장하고 있는『제주도』와『탐라연구통신』을 기증할 정도로 애향심이 강하였다. 인터뷰를 할 당시에도 병원에서 치료를 받을 정도로 건강이 좋지 않았지만 인터뷰에 흔쾌히 응해주셨다. 인터뷰 내내 힘들어 하시면서도 진솔하게 이야기를 이끌어 갔다.

■ 구술 내용

아버지의 권유로 도일

Q : 고향이 어디십니까?

A : 저는 제주도 출신입니다. 6·25까지는 서울에서 공부했습니다. 창경국민학교 5학년까지 다니다가 6·25나니까 먹을 것이 없잖아요. 그래서 고향인 제주도로 피난을 왔습니다. 조천국민학교를 1년 다녀 6학년 졸업해 가지고 아버지가 일본 계셔서 일본에 와서 공부하라고 해서 일본에 오게 되었습니다.

Q : 도쿄로 오셨어요?

A : 예. 처음부터 도쿄에 왔어요.

Q : 아버님이 도쿄(東京)에 사셨어요?

A : 보통은 제주도 사람이라 하면 오사카(大阪) 쪽인데, 아버지도 오

구술하는 양성종 선생

사카에 몇 년 있다가 동경(東京)으로 온 것 같아요. 아버지는 일
제 시대부터 일본에 다녔고.

Q : 여기 오셔서는 계속 학교 다니셨던 거네요?
A : 예.

Q : 중학교, 고등학교?
A : 중학교, 고등학교, 대학교까지.

Q : 그러면 조선학교 다니셨어요?
A : 아니에요. 일본 학교요.

Q : 중학교, 고등학교 다?
A : 일본어를 써야 되니까 일본말을 배워야 한다고 그래 가지고.

Q : 대학은 어디 대학?
A : 와세다(早稻田) 제일문학부 사학과 동양사 전공인데, 그 바로 선
배가 강덕상 선배님입니다. 저보다 한 7년 선배입니다. 와세다 들
어갔더니 제일교포들이 남북으로 나누어 있잖아요. 총련[1]하고 민
단[2]들이 있잖아. 와세다대학(早稻田大學)에 들어가니까 조선문화
연구회, 한국문화연구회가 있는데 합동으로 열어요. 신입생 환영
회를 선배님들이 와세다대학만이라도 통일해서 하자 그랬어요.
뜻이 있는 거라서 저도 참가했거든요.

---

[1] 재일조선인총연합회.
[2] 대한민국거류민단.

Q : 죄송한데 선생님은 국적을 어떻게 하셨어요?

A : 저는 처음에는 조선이었는데 제가 그러니까 확실하지는 않지만 1952년 말쯤에는 건너 온 거 같아요. 배 타고 왔거든요. 안전하게 하기 위해서 아마 연말이니까 31일쯤에 도착한 거 같아요. 그런데 제가 어린 생각으로 그런데 걸렸어요. 그때 일본은 아직 맥아더가 지배하던 때니까. 아버지가 운동을 해가지고 맥아더사령부에서 도장을 받아서 나왔어요.

조선 국적에서 대한민국으로

Q : 그러면은 1952년 때 맥아더가 했나요. 1948년까지 안했나요?

A : 아니야. 일본에서 영주권 신청할 때가 있었거든. 그때 서류상 내가 일본에 있었던 걸 증명 받아오라던 것이 있었어요. 그래서 어느 소학교 선생하고 의논했더니 입학했다고 적어서 졸업증명서 같은걸 만들어 줬어요. 혹시나 해서 아버지가 걱정이 되어서 뒤쪽으로 알아봤는데 오오무라³⁾까지 갔거든요. 기억은 있는데 서류가 안 남아서 없데요. 뒤쪽으로 조사하니까. 그래서 영주권 갖고 있어요. 지금 일본에서 태어났다 원본에는 일본 오사카 출신으로 되어있습니다.

Q : 그럼 조선 국적을 가지시다가 대한민국으로 바꿨습니까?

A : 가졌다가 제가 1964년 와세다 대학 4학년 때 한국으로 갔습니다. 그때 아버지가 한국으로 고쳐버렸어요. 그렇지 않으면 여권이 안 나오니까.

---

3) 오오무라(大村). 나가사키현(長崎県) 중부 오오무라만(大村湾)에 위치한 도시.

Q : 아버님은 일제 강점기 때는 항일운동을 하셨는지요?
A : 그런 건 안 하고 오래 장사했어요.

Q : 혹시 고이삼 사장님하고 친하신가요?
A : 고이삼 하고는 같은 탐라연구회(耽羅研究會) 동인(同人)입니다. 제가 12살 선배입니다. 같이 시작했어요. 지금 4·3모임[4] 때문에 제주도에 가있는가? 아마 내일쯤 돌아올 거예요.

Q : 탐라연구회 활동하고 계시잖아요. 간단하게 탐라연구회 얘기부터 해주시면 어떨까 합니다. 소개 좀 부탁드립니다.
A : 탐라연구회 간단히 말하면 저희 향리가 제주도 조천(朝天)입니다. 아시겠지만 제주도에서는 비교적 개화된 지역입니다. 그래서 지역 선배들이 서울에서 공부를 했는데, 3·1운동 때 고향으로 내려와 3월 21일쯤인가 만세운동을 전개하였습니다. 그래서 만세동산이라고 이름이 바뀌었어요. 조그마한 동산인데 거기서 만세를 불렀어요. 그 정도로 제주도를 리드하는 선배들이 많이 나온 곳이지. 제주도 사람들만은 아니지만 애향심이 강해가지고 향리 친목회가 있어요. 저도 처음에 거기 나갔는데, 김민주(金民柱)라는 선배가 있어요. 4·3에 관한 책을 처음에 쓴 분인데 그 선배하고 저하고, 또 글 쓰는 송창빈(宋昌彬) 선생님이라고 계십니다. 한 열 사람쯤 되나 1985년 1월 동경 치요다구(千代田區)에서 탐라연구회 시작했습니다. 모인 사람들이 글을 쓰던지, 책자 편집하던지 그런 사람이에요. 그래서 우선 『제주도(濟州島)』[5]라는 잡지를 만들어

보자라는 말이 나왔거든요. 저도 고향은 제주도이지만 잘 모르기 때문에 우선 제주도에 관한 공부하자, 그래서 공부를 시작한 것입니다.

탐라연구회 활동

Q : 지금은 탐라 연구를 상당히 많이 간행하셨겠네요.

A : 네. 창립이 1985년이니까 한 30년쯤 되지 않나 합니다. 『제주도』는 10권까지 나왔습니다. 원칙은 제주도 관해서 쓰던지, 제주도 출신이면 아무거나 써도 좋다 그런 기반으로 처음 시작한 것입니다. 병행해서 『탐라연구통신』을 시작했는데 175호까지 나왔습니다. 돈이 없어가지고.

Q : 제주도를 주로 연구하는데 특히 주목하는 것은 무엇입니까

A : 주목하는 것은 제 개인적으로는 일본사람들의 연구입니다. 일본 사람들이 제주도를 연구하기 시작한 것은 1910년경부터입니다. 그렇지만 1900년대부터 일본사람들이 제주도에 갔잖아요. 그동안 제주도에 관한 것은 한글로 된 『탐라지』라든지, 옛날 조선시대 때 만든 그런 것 밖에 없었지만은 일본사람들이 가서 식민지 지배하려고 하니까는 수산업, 농업, 특산물, 지질, 자연 그런 것을 포함해서 죄다 조사했거든요. 그것이 전부 일본글이고 일본에 많이 있어요. 제가 탐라연구회를 하면서 우선 제주대학교에 갔습니다. 아무것도 책도 없으니까는 어떻게든 공부를 하려고요.
탐라문화연구소가 제주대학교에 있었습니다. 탐라문화연구소 소장이 같은 양씨였어요. 고향은 제주도가 본관이었으니까 많이 도와주었어요. 그 후부터는 제주대학교하고 연결됐어요. 제가 주로 한 것은 아까 얘기했듯이 일본에 기록들이 많이 있으니까는 어느

책 몇 페이지 정도 복사해서 다음에 올 때 가져오라든지, 보내달
라든지 하면 그런 걸 많이 했거든요. 제주도에서 교수들이 일본에
오면 많은 시간을 빼앗기니까 아예 여기는 우리가 해야겠다는 것
을 깨달아서 시작한 것입니다.

지금 『제주도』 10권 중 5호가 없는데, 나중에 보내드리겠습니다.
제가 한 것은 거기 있습니다. 1992년도에 나왔으니까 그때까지 연
구한 논문이나 책을 『제주도』에 소개했습니다. 누가 썼다든지. 가
장 먼저 일본어로 쓴 것은 제가 알기로는 도리이 류조[6] 씨라고
인류학자 아시죠? 이 사람이 제주도 용골까지 조사갔는데, 제주도
에서는 인체 측정까지 전부 조사했어요.

Q : 혹시 연구회에서 특별히 주목하는 것은 어떤 것인가요?

A : 일반에서는 제주도를 연구하는 일본사람으로 제일 중요시해야 할
사람은 이즈미 세이치[7] 경성제국대학 학생이었는데, 그분은 등산
을 좋아했습니다. 4학년 때 등산회[8]를 조직해가지고 몇 사람과

---

[6] 1870~1953. 일본의 고고학자·인류학자. 일본 도쿠시마(德島)에서 태어났다. 17세
때 도쿄 인류학회에 가입해 회장 쓰보이 쇼고로(坪井正五郎)의 지도를 받았으며
도쿄대학·고쿠가쿠인대학(國學院大學)·조치대학(上智大學)에서 교수로 있었다.
1939~51년에는 엔칭대학(燕京大學) 객원교수로서 베이징(北京)에서 연구를 계속
했다. 그는 일본 국내뿐만 아니라 해외 여러 민족에 대한 실태조사에 앞장섰으며
그의 발자취는 타이완·지시마(千島)·사할린·몽골·만주·시베리아·한반도·
중국(남부) 등 광범위한 지역에 미쳤다. 고고학적 조사 외에 민예품을 수집하는
등 민족학적 방면에도 관심을 기울임으로써 북동아시아 여러 민족의 물질문화
연구의 개척자가 되었으며 특히 이들 지역에 대한 연구 성과는 일본 국내뿐만
아니라 해외의 인류학계에까지 큰 영향을 끼쳤다. 주요저서에 「유사 이전의 일
본 有史以前の日本」(1918) 등이 있으며 그의 많은 저작물은 『도리이 류조 전집』
(12권, 1976)에 망라되어 있다.

[7] 1915~1970. 日本の文化人類学者、東京大学東洋文化研究所元教授. 専門は文化人
類学. 正四位勲三等旭日中綬章. 1930년대 제주도민의 생활상을 기록한 「제주도」
로 제주 민속학의 태동을 알린 인물.

[8] 일종의 산악회.

같이 한라산을 오르는데, 거기서 친구가 정초에 눈이 쌓여가지고 한 사람 죽어요. 이즈미 세이치가 그 친구를 찾기 위해서 제주도를 몇 번 다닙니다. 나중에 찾았는데, 그때만 해도 1930년대니까 제주도에는 신방 등 무속이 많았어요. 점쟁이가 살아있다고 해서 기대를 하고 몇 번 추적을 했지만 다음해 4월 달인가 시신을 발견했어요. 그때 이즈미 세이치가 자기의 전공을 인류학으로 바꿨어요. 그래서 졸업논문을 책으로 만들었는데 동대[9] 출판사에서 나왔는데 그것이 제일 제주연구의 기본이 되는 책입니다.

또 하나는 지리학을 한 마스다 이치지[10]라는 연구자가 있는데 조금 선배예요. 그 선생은 학문적인 내용으로는 깊어요. 제가 보기로는 이즈미 세이치는 종합적으로는 대학교 졸업논문이니까 전체적으로는 봤지만 깊이 있는 참고문은 많이 올렸어요. 저는 그렇게 보고 있습니다. 두 분이 일본 사람이고, 언어학자도 몇 분 계시지만 앞으로 정리하려고 합니다.

부산에서 밀항으로 도일

Q : 여기 오신 얘기부터 말씀해 주시지요. 어떻게 오셨는지요. 제주도에서 아버지를 만나는 것부터 이야기 좀 해주세요.

A : 그때는 어렸을 때니까. 초등학교 졸업할 정도니까. 부산으로 와서 배를 타고 왔습니다.

Q : 혼자서 배를 타셨나요?

A : 고모님과 같이 갔어요. 고모님은 센다이(仙臺)에 있습니다.

---

[9] 도쿄대학(東京大學)의 약칭.
[10] 마스다 이치지(枡田一二).

Q : 제주도에서 부산으로 간 겁니까?

A : 1년간 제주도에서 공부하고 있다가, 솔직히 말하면 밀항으로 온 거지요. 돈 관계는 저는 모릅니다. 어떻게 해서 배를 타고 왔는데 조그마한 배였습니다. 사람이 앉을 수도 없고 누워가지고 꽉 찰 정도였는데 한 20명쯤 되는 거 같아요.

Q : 그때 고모님하고 같이 계셨나요?

A : 아니요. 그때 고모는 왔다 갔다 했지만, 고모도 서울에 와서 같이 살다가 했습니다.

Q : 누구네 집이에요?

A : 저희 집이에요.

Q : 그러니까 고모가 왔다 갔다 하시고, 어머니가 계셨어요?

A : 어머니는 일찍 돌아가시고 할머니가 계셨어요. 제가 8살 때쯤 어머니가 돌아가시고 할머니가 제주도에서 서울까지 오셨어요. 제주도에는 집도 밭도 있었으니까.

Q : 서울에서는 집에서 형제들 하고 같이 안 사셨어요?

A : 제가 제일 장남이니까, 지금 가족도 두 번째 어머니도 계셨거든요. 그 어머니가 낳은 아이가 여자아이인데, 지금 오스트레일리아 거기서 살고요. 세 번째 어머니는 일본 어머니인데 남매가 있고 저보다 밑입니다.

Q : 오셔서 중학교 다녔잖아요? 어디 있었는지요?

A : 예. 도쿄 오타구[11]에 있었습니다.

Q : 그럼 중학교는 여기서 마쳤는지요?

A : 네. 여기서. 중학교부터 일본에서 다니고…

Q : 중학교를요?

A : 아니요. 제주에서 초등학교 졸업했어요. 지금 졸업장을 가지고 있습니다.

중고등학교는 일본학교 다녀

Q : 중학교 다니실 때는 한국 사람으로 다니신 거예요, 일본 사람으로 다니신 거예요?

A : 도중에 한국 이름으로 바뀠습니다.

Q : 맨 처음에는 일본 이름으로 다니셨고요? 이름이 왜 바뀌신 거예요?

A : 바꾼 건 아버지가 했습니다. 편리상으로 일본 이름을 썼지만, 기본적으로 한국식으로 살아왔습니다.

Q : 통명은 어떻게 쓰시는지 써주세요?

A : 아버지가 이름에 관해서는요, 아버지가 이름을 짓는 것이 취미였으니까 이름이 많습니다. 이름 바꾸는 것도 보통으로, 지금 안 쓰는 이름이니까, 저도 실은 대학교 들어갈 때까지 그 이름을 썼거든요. 지금 이렇게 쓰고 있지만은 창경초등학교 다닐 때도 이 이름을 썼을 거예요. 근거 없는 이름이에요 호적도 다른 이름이었어요. 지금은 호적을 고쳤지만은 저희 고모 같은 사람은 "철호(哲豪)

---

11) 오타구(大田區) : 일본 도쿄 도에 있는 특별구의 하나.

양철호(梁哲豪)"라고 부르거든요. 지금도.

Q : 고모분이 연세가 많으시죠?

A : 저보다 12살 많아요! 88세입니다.

Q : 중학교나 고등학교 시절 일본학교 다니실 적에 얘기 좀 해주실 수
없나요?

A : 제 자랑이지만 고등학교가 일본에서도 유명한 학교입니다.

Q : 이름이?

A : 동경도립 히비야(日比谷)고등학교.

Q : 네.

A : 빨리 말하면 동경대학에 제일 많이 들어가는 학교입니다. 여기 나
와 가지고 동대 왜 안 들어갔느냐가 문제인데, 1년 동안 놀다가
골치 아파서 와세다 가버렸어요. 그러니까 자기가 하고 싶은 공부
를 못했어요. 여기서 저는 생물학을 공부하고 싶었거든요,

역사보다는 생물학에 관심

Q : 왜 생물학을 하고 싶었나요?

A : 지금도 그렇습니다만 생명에 취미가 가지고 있습니다. 지금도 중
학교인가 고등학교인가 중학교 같은데 소련에 오파린[12]이라고 생

---

12) 1894~1980. 소련의 생화학자. 모스크바대학에서 식물생화학을 전공하고 재학 중
에는 식물학자이자 진화론학자인 K. A. 티미랴제프에게 사사했다. 제1차 세계대
전 중에는 제과공장의 화학기사로 일했고 17년 러시아 혁명 때에는 화학공업 노
동자로, 그리고 혁명 후에는 화학공업 건설에 참가했다. 그 후 생화학자 A. N.
바흐에게 사사하여 식물의 호흡과 효소에 관해 연구하는 한편 생명의 기원에 관

물학자가 있었어요. 아사히신문사에서 일본에 초대한 적이 있는데 강연을 들으러 간 적 있어요. 그때부터 시작한 거예요. 지금도 책도 있고 그래요.

Q : 생명에 관한 책 중 가장 흥미 있게 읽은 책은 어떤 것인지요?
A : 『생명의 기원』 같은 거.

Q : 그럼 대학은 그냥 와세다에 가신 거네요?
A : 와세다는 역사학과에 들어갔습니다.

Q : 특별히 와세다를 선택한 이유가 있는 건 아니고요?
A : 네. 서민적이고.

Q : 1964년이면 와세다가 활기가 찼던 때죠?
A : 네. 조금 그럴 때 일거에요. 저는 동대 못 들어갔으니까는 그렇게 관심이 많지 않았어요.

학생운동에도 적극 참여
Q : 학생운동에 대해서 별로 관심이 없으셨나요?
A : 있었죠. 저는 그냥 유학동[13]에서 했죠. 유학동에서는 그렇게 맹활동은 아니었지만 그때 귀국운동을 시작했으니까. 제가 중앙상임위원회까지는 갔거든요. 선전부장까지 했습니다. 몇 개월이지만. 그때 청년중앙회에서 유학동 조직을 강화하기 위해라는 테제가

심을 갖고 처음으로 과학적인 생명발생설을 세워 1922년에 학회에 발표했고 그 주장에 관해 1924년에 소책자, 1936년에 단행본으로 『생명의 기원』을 저술했다.
[13] 재일본조선인총련합회(총련)의 조선유학생동맹의 약자.

나와 가지고 "학습하라 이거야." 그런데 중앙 상임위원은 그냥 "못 하겠다"고 그랬거든요. 4학년 때. 솔직히 말해서 저 자신이 중앙 상임위원이거든요. 유학동 중앙의 운동방침을 선전한다고 해서 규슈(九州)에 출장까지 갔다 왔습니다. 거기 가서 제가 "학생들에게 지도하러 왔으니까 같이 합시다"고 자신 있게 말 못 했는데, 저는 충성은 못해요. 자기 말을 해야 하니까.

Q : 같이 활동하셨던 분들이 어느 분들이었나요?

A : 요즘 한 사람은 북으로 가서 돌아가시고, 조직부장 하시던 분은 작년에 돌아가셨어요. 그분하고는 친하게 지냈는데. 저는 1964년에 한국에 갔습니다. 아버지가 데려갔어요. 우리 어머니가 서울에서 돌아가시니까 산소가 서울 망우리 동산에 있어요. 아버지로서는 어머니에 대해서 미안함이 있을 거예요. 다른 선조들은 제주도에 계시는데 그때 망우리에 가서 어머니 산소 찾아가지고 다음해에 제주도로 옮긴 거예요. 그때의 기억이 있었어요. 어머니의 뼈만 모아가지고 제주도에 가서 묘를 새로 만들었어요..

Q : 그리고 다시 오셨어요? 일본 도쿄로?

A : 그때는 여행으로 갔으니까.

Q : 그게 주 목적이었군요?

A : 그게 주 목적이고. 또 하나는 그때 제가 처하고 만나가지고 그때 28세쯤 되었으니까 제주도에서 데려왔어요. 수속을 처음 밟아 가지고 비행기로 왔습니다. 제1호예요. 저의 처가 온 것이 1965년이니까 같은 해인데 아마도 일한협정은 수개월 늦게 맺은 거 같은데, 그런 걸 아버지는 참 좋아해요. 어려워도 관청 같은데 가서 뒤

쪽으로 조금 수를 쓴 거 같아요.

Q : 결혼하신 후에도 한학동[14] 활동을 하셨어요?

A : 아니요. 한국에 갔다 오니까…. 근데 유학동 사람들이 결혼식에는
와줬어요. 그러니까 겉으로는 나도 안 나갔지만 그때부터 총련과
는 거리가 생긴 거죠.

Q : 유학동 활동을 4년 정도 한 거네요?

A : 네. 그렇게 했어요. 공부하면서 그거 한 거예요. 강덕상 선배를 만
난 그때인데, 연구회를 하고 있었어요. 그때만 해도 조선 관계는
일본에서도 연구 활동이 없었거든요. 근데 몇 사람이 모여서 하는
데 총독부 관리들이 일본에 돌아 왔잖아요. 도서관 같은 것이 옮
겨가지고 미츠비씨 재벌,[15] 동경 미츠비씨 무라라고 전부 미츠비
씨 토지입니다. 거기에 있는 건물 2층인가 몇 층인가 일한협회가
동경역 앞쪽에 있었는데, 조선총독부에 있던 장서들이 많이 있었
어요. 그런데서 조금 자극을 받아가지고 연구 활동을 했어요. 일
제시대 문헌들이 많고 제가 찾는 것도 있고 그랬어요. 지금은 그
자료가 학습원대학에 가 있습니다. 그때 강덕상, 미야다 세쓰꼬(宮
田節子) 선배, 가지무라(梶村秀樹) 선생도 알고, 제 기록도 좀 나오
고 있습니다. 양철호라고. 저는 학생이었지만 그때 계속했으면 좋
았을 텐데. 그때 계시던 선생님들이 신문기자 하시던 곤도우(近藤)
선생님하고, 동양전기회사 기시(岸) 선생이라고 아주 친절하게 해
주셨어요.

---

14) 재일한국학생동맹.
15) 미츠비시 그룹(三菱グループ).

20여 년간 식당 운영

Q : 그러면 이 연구회하시면서 결혼생활하시고 경제생활을 하신 거죠?

A : 저는 중화요리점도 한 10년 정도 하고, 일본 요리도 한 10년 했습니다. 만드는 것은 못하고 경영만 했습니다.

Q : 지금도 하고 계신가요?

A : 아니요. 지금은 안하고 있습니다.

Q : 자녀들한테 물려주신 건가요?

A : 아니요. 남겨줄 게 없습니다. 쉽게 말해서 지금은 망했습니다. 많이 할 때는 가게 3개나 했어요. 아버지하고 저는 서로가 보증인이니까 한 사람이 무너지면 같이 무너지는데, 같이 무너진 거예요. 1997년에 제 아버지가 돌아가셨습니다.

Q : 아버님 묘는 여기다가 만드셨어요?

A : 묘는 제주도에 있습니다. 아버지가 농사용 밭을 사가지고. 그런데 제가 작년부터 벌초를 안 하려고 아들이 있는데 일본말 밖에 몰라요. 그래서 말을 모르니까 벌초 안 해도 좋게 납골당처럼 평평하게 해가지고 한 사람 한 사람 10개나 묘를 만들었어요.

친척들 4·3사건으로 피해

Q : 4·3사건 때 피해를 당하신 친척들도 있으신가요?

A : 조금. 친척은 있긴 있습니다. 1950년 때만 해도 제주도 갔더니 그때는 6학년 조선국민학교 다녔는데 폭도가 남아 있었어요. 6학년이니까 학교 지키라 해서 밤에 나가서 밤샘이 했어요. 나무로 만

구술 장소였던 고려박물관 외부 전경

든 목총인가, 저는 폭도라는 말만 들어도 무서워요. 그래서 변소
도 못 갔어요. 귀신 나올 거 같아서 그때는 낮 반 저녁 반 나눠서
다니고, 계엄령이어서 학교에 군인들이 있고. 전국적으로 통일된
제1회 아치브멘트 테스트라는 학력시험을 했어요.

Q : 학업성취도 인가요?
A : 국민학교 6학년 때입니다.

Q : 일제고사 같은 건가요?
A : 네. 전국적으로 보는 거. 그 성적은 괜찮았어요.

Q : 제주도에는 한국전쟁 때 가셨는데, 주변에서 4·3과 관련된 얘기
　　를 많이 들으셨나요?

A : 저희 할머니집이 불타고 있었거든요.

Q : 그 얘기 중 일본에 왔었던 제일동포들이 희생당한 얘기도 있나요?
주변에 친척들이 보셨으니까.

A : 가까운 친척들은 일본에 있었습니다. 제주에는 할머니들 밖에 없
었으니까. 할아버지 동생과 그 집의 큰 아들이 4·3 때에 죽었는
데.

Q : 도쿄에서 주로 어디 사셨어요?

A : 저는 쭉 동경에서 살았습니다. 저희 아버지가 멋있는 편이에요 한
국에서도 제주도를 빨리 나와 가지고 서울로 갔습니다. 해방 직후
에 서울에 이사한 것 같아요. 저도 전쟁이 안 일어났으면 서울에
있었을 거예요.

Q : 61년에 와세다에 가셨잖아요. 들어가서 양쪽에 모임 같이 했다고
했잖아요. 그 얘기를 좀 해주세요.

A : 제가 그때 우리 집안이 어느 쪽인가 하면 작은아버지가 북쪽 사회
주의 경향이 있어요. 그래서 제가 그런 영향을 받은 거 같아요. 그
사회주의를 알고 있었던 거 같아요. 그쪽으로 있었는데 그걸 어떻
게 느꼈느냐 하면 빨리 말해서 활동가들이 찾아와요. 가정 방문
같은 거 하는데, 민단 쪽은 선거 때라도 돈 쓰면서 한다는 그런 말
이 돌고 평이 나빴거든요. 우리 아버지가 어머니 묘를 찾던 것처
럼 그런 거 선조들을 존중히 모시는 편이거든요. 제사를 꼭 합니
다. 저 결혼하면 저희들에게 맡겨서 한 달에 한 번 있었어요. 12개
쯤. 저도 지금은 그런걸 아들한테 맡겨서 아들이 다 해요.

Q : 그렇게 많이 해요?

A : 아니요. 지금은 줄였어요. 할아버지는 아니깐 하라했고요.

와세다 재학 중 캠프활동

Q : 와세다대학 다닐 때는 무슨 활동을 하셨나요?(조문연?)

A : 해마다 학생들이 모여 캠프 같은 것도 하고 전시회도 하고. 그런
    행사는 잘 하는 편이죠.

Q : 캠프는 주로 어디 가요?

A : 주로 산 쪽으로 가요.

Q : 프로그램은 주로 뭐했나요?

A : 모여 가지고 중앙 관동지방 와세다지구가 있어요. 하부로 내려 가
    가지고. 와세다는 법이 쎕니다. 와세다, 메이지(明治), 호세이(法
    政), 주오대(中央大) 등은 학생들이 많았어요.

Q : 와세다 문화재에서는 주로 어떤 내용을 가지고 했나요?

A : 여러 가지 설명해 가지고 글로 써가지고 전시했는데 하여튼 조국
    에 관한 걸 선전했습니다. 잡지 같은 것도 보고 기억이 잘 안나요.

Q : 유학동이 싫어서 나오신 건 아니시네요?

A : 저도 제일 고민한 건 일본에 남아도 취직이 안돼요. 저는 운동 같
    은 건 싫고 연구하는 기관도 없고. 운동도 잘 하는 편도 아니니까.
    사람 말은 잘 듣는데 설득을 시킬 자신은 없어요. 운동할 자신도
    없고 해서 1985년도이니까 김민주 선배 만나가지고 제주도 하자
    는 것이 맞는 거예요. 제주대학가고 저도 묻고 싶은 게 재일제주

인센터가 제주대학에 생겼잖아요. 근데 안 맞아.

Q : 선생님한테 연구가 안 되신 건가요?

A : 제가 작년에 수술했어요. 11월 달에 췌장암이래요. 췌장암이 발견
되면 1년이래요. 항암제 어제도 맞고 지금도 계속 맞고 있으니까
점적 주사로 하고 있어요.

Q : 감사합니다. 그래도 건강해 보이는데.

A : 지금 체중은 50kg 정도 되었는데 내려갔어요. 저는 지금 현재 제
주도에 대해서는 얘기를 조금은 할 수 있는데, 저는 고은(高銀) 저
『제주도』라는 책을 읽어가지고 제주도를 연구할 마음이 생겼어
요. 번역해서 여기서 출판하려고. 이거 드리겠습니다. 이거 최근
에 간행한 거예요.[16]

제주도에 남다른 애정

Q : 제주도에 대해서는 애정이 많으시겠어요. 제주도는 일본사람들에
게 말할 때는 제일 자랑하고 싶은 게 뭐에요?

A : 자랑할 거는 없지만은 자연 속에서 개발하지 않고 자연스럽게 남
은 그런 제주도가 좋아요. 아직도 많이 남아있습니다.

Q : 여기 제주도 분들은 한국 거와 제주도 거와 구분이 안되는 게 있
지 않나요?

A : 우리는 제주도는 아니까. 저는 1년 정도 있었으니까 자기도 알고
있다고 이해하는데, 집사람한테는 미안하지만 육지하고 구별하기

---

16) 양성종 선생님은 인터뷰 중에 자신이 직접 관여해서 발행한 『탐라』와 『탐라연
구통신』을 주셨다.

가 어려워요. 제주도 사람들 나쁘다고 하지만은 제주도 사람들은 그렇게 할 수밖에 없으니까.

Q : 제주도가서 사실 생각은 안 하시는 거에요?

A : 하고 있죠. 일본에 오래 살고 있다 보니까 사는 거는 조금 지금 안 맞는 것도 있는 거 같아요. 아무리 고향이지만, 모순이 있지만 일본이 생활하기 편한 것 같아요.

Q : 일본 분들이나 친구분들 모시고 제주도에 가시면 어디를 제일 먼저 보여주고 싶으세요?

A : 경치 그런 것도 좋지만. 묘 집계만 4대에 걸쳐 10개입니다. 이번 4월 달에도 가야하는데 아직도 공사 중이에요. 끝났지만 마무리가 안 됐어요.

Q : 제주도에서도 조천 사람들이 유명한데 일본에서도 조천 사람들끼리 따로 모이나요?

A : 네. 모입니다. 20여 년이나 거기서 총무를 담당하면서 『재일조천리면민보』를 냈어요. 28호까지인가 냈습니다.

Q : 조천 사람들은 다르네요.

A : 네. 다릅니다. 1년에 1~2호 정도 내는 것은 조천 사람들 밖

고려박물관 내부 모습

에 없을 겁니다.

Q : 조천 사람들이 왜 힘이 넘쳐납니까?
A : 선배들이 이렇게 남긴 전통이 아닐까요. 우린 그걸 배워서 따라가
　　고 싶다 그거뿐입니다.

특별한 조천 사람

Q : 조천 사람들이 특별히 기가 쎈 거는 아닙니까?
A : 아닙니다. 배타적이에요. 일제시대에는 일본사람들을 조천에 들
　　어오지 못하게 했어요. 학교 교장하고 경찰하고 일본인들이 함부
　　로 못 들어가게 쫓아내고 그랬데요. 그런데 초대 우편국장 아들이
　　조천에서 태어나서 호천소부(戸川昭夫)라고 부르는데, 지금은 동
　　경에서 친하게 지냅니다.

Q : 제주도 하면은 한국에서는 조천을 먼저 떠올리거든요. 혹시 어머
　　님은 뭐하셨어요?
A : 어머니는 얼굴이 기억이 안 나는데, 할머님집이 조천 김 씨 댁인
　　데, 저의 할아버지가 저의 작은 할머니의 할아버지의 환갑 때에
　　드린 축하문을 발견했어요.

Q : 아버님과 어머님이 결혼하실 때는 조천에서 하셨나요?
A : 어머님이 조천분이시니까 제주도에서 했을 거예요. 어머님이 부
　　씨이고, 조모님들은 고씨도 많아요.

Q : 제주도에서 특별히 항일운동 관련해서 조천 사람들이 적극적이었
　　잖아요. 일본에 있는 조천 사람들에게 영향이 있었나요?

구술 후 다시 만나서 환담하는 모습

A : 조천 출신 4 · 3 때만 해도 진짜 4 · 3은 1948년 4월 3일 아니고, 1년
　　전 3월 1일 날이 시작일로 봐야 하는데 3 · 1절 기념사업회 중앙단
　　장이 조천 출신인데. 안요검 선생이라고 하는데 저도 이름만 알아
　　가지고 얼굴도 모르는데 안 선생이라 해서 유명한 분이다라고 밖
　　에 몰라요.

Q : 고이삼이라고 하는 분이 편집에 있네요. 그분도 탐라연구회인가
　　요?
A : 네. 같은 동인으로 둘 밖에 안 남았어요.

Q : 고이삼 분이 조천 분이신가요?
A : 아니요. 보모님이 우도 분이세요. 지금은 아직 제주에 가서 안 돌
　　아왔을 거예요.

Q : 이런 시나 글들 많이 써놨겠네요.

A : 글은 조금 썼어요.

Q : 책 내셨어요?

A : 몇 년 전에 한상회에서 재일조천리민회 사람들에 관한 보고를 제가 발표했습니다. 그건 드릴 수 있어요. 일본글이지만 보내 드릴게요.

Q : 선생님은 제주도에 관한 굉장히 좋은걸 모으셨을 거 같아요. 일본에 많잖아요.

A : 특히 식민지 시대의 것들을. 지금도 가끔 빠진 거는 도서관에 가서 가끔 찾아요.(몸이 불편하여 인터뷰를 중단하다)

재일코리안의 생활문화 연구자

- 이름 : 고정자
- 구술일자 : 2013년 2월 25일
- 구술시간 : 102분
- 구술장소 : 일본 오사카 쓰루하시 국제고려학회 사무실
- 구술면담자 : 정희선, 김인덕, 동선희
- 녹음 및 촬영 : 성주현

■ 고정자(高正子)

1953년 일본에서 태어난 자이니치 2세이며, 제주도 출신 자이니치의 구술과 생활사를 전문으로 연구하고 있다. 현재 오사카 산업대학, 고베대학 등에서 비상근 강사로 활동하고 있으며, 국제고려학회 일본지부 이사를 맡아 재일코리안에 대한 연구에 집중하고 있다. 문화인류학을 전공하였으며 주요 논저로는 「식(食)'으로 모이는 거리 – 오사카 코리안타운의 생성과 변천」, 「꽹과리에서 촛불로 – 〈시위문화〉로 본 한국사회의 지금」, 『재일코리안사전』(공저) 등이 있다.

■ 인터뷰에 관해

고정자 선생은 구술전문가인 관계로 본 인터뷰를 준비하면서 긴장하였다. 더욱이 인터뷰 장소를 불가피하게 옮기게 되었는데 국제고려학회 사무실을 흔쾌히 제공해주어 편안하게 인터뷰를 할 수 있었다. 구술전문가답게 편안하게, 그리고 가족사와 이쿠노 자이니치의 생활사를 흥미진진하게 풀어나갔다.

■ 구술 내용

가족사에 관해, 아버지 구술

Q : 반갑습니다. 일반적인 구술보다는 선생님의 두, 세 가지 부분에
대한 강연에 가까운 말씀을 해주시면 감사하겠습니다. 먼저 조선
어를 배우게 된 계기와 아이들 가르치는 이야기를 선생님 편하신
대로 말씀해 주세요.

A : 아버지가 1931년도에 제주도에서 16살 때 오셨거든요. 그래서 아
버지가 돌아가시기 전에 제가 잠깐 구술을 했어요. 그때 얘기
들어보니 아버지가 열 살 때 제주시 북초등학교에 들어가 졸업하
였는데 부모님이 일본에 계셔서 일본에서 중학교를 다니고 싶어
서 16살 때 일본에 왔는데, 와보니까 그런 상황이 아니었다고 합
니다. 그래서 우리 아버지는 일본 공장에 노동자로 일하셨거든요.
우리 아버지는 평생 노동자로 일하셨기에 사람들이 자신을 우습
게 본다고 생각했겠지만, 아버지가 노동자로 오래 일했기 때문에
재일동포들이 거의 받을 수 없는 연금을 받았습니다. 그래서 연금
이 나오니까 자식들이 편하죠. 아버지 덕분에 부모님께 생활비를
지원 안해도 되니까 고맙게 생각하고 있습니다. 아버지도 어머니
도 재혼이셨어요.

우리 엄마는 해방 후인 1945년 12월(음력)에 일본에 오셨어요. 제
주도에서 결혼을 하고 친척이 가지고 있던 작은 배를 타고 같이
왔는데 대마도(對馬島) 근처에서 배가 침몰하기 직전까지 갔대요.
너무 무서워서 원래는 일본에서 알루미늄 그릇을 사가지고 그걸
싣고 제주도에서 팔려고 했는데 뱃길이 너무 무서워서 한국에는
못가고 그냥 주저앉았답니다. 그러다가 첫 번째 남편이 돌아가시
고 그래서 우리 엄마는 한국으로 돌아 갈 수도 없고 일본에서 그

냥 생활을 하다가 선을 봐서 우리 아버지를 만나서 결혼하게 됐고 1953년에 제가 태어났습니다.

Q : 복덩이시네요?

A : 아닙니다. 저희 아버지가 한국말과 일본어를 유창하게 잘하셨어요. 재일교포 1세대 중에서 저희 아버지처럼 일본말을 잘 하는 분은 못 봤어요. 그 정도로 일본말을 잘 하였어요. 집 근처에 있는 일본 학교에 들어가려고 신체검사도 받고 수속을 다 밟았는데, 가까운 조선학교에서 선생님들이 가정방문으로 집에 오셨어요. 한 교사가 우리 엄마에게 하시는 말씀이 '딸에게 한국말을 가르쳐야 되지 않겠느냐'고 설득해서 제가 초등학교를 조선학교에 다니게 됐어요. 제 여동생, 남동생도 다니게 됐어요. 근데 여동생은 어릴 때 무릎이 안 좋아서 중학교는 자전거를 타고 다녀야 돼서 초등학교 6학년 때 일본 학교로 옮겼고, 남동생은 1960~70년대에 동포들이 일본 사회에서 정착해야겠다는 생각이 들기 시작하는데 그냥 조선학교에 가서 될까 하는 생각이 들었지만 갑자기 일본 학교에 보낼 수가 없어서 건국중학교(한국학교)에 보냈어요. 막내 남동생은 처음부터 아예 일본 학교에 들어갔어요. 동생들이 한국말을 다들 알아들었는데 그 후에 쓰지 않아서 그래서 저희 집에는 한국어를 하는 사람이 저밖에 없어요. 우리 형제들이 학교에 간 시기를 보면 그 당시 재일동포들이 자녀교육 문제에 대한 생각이 변천하는 과정을 알아 볼 수 있어요.

저는 고등학교, 대학교를 나와서 그때 만난 남편하고 1년 있다가 결혼했어요. 남편은 고려대에 유학을 하려고 했어요. 그런데 당시 11·22사건으로 오사카에서 간 유학생들이 다 조사를 받고 나서 유학을 포기하고 일본으로 돌아왔어요. 그렇게 해서 결혼을 하게 되었고 결혼해서 낳은 큰딸이 1977년생입니다. 그리고 4년 후인 1981년에 둘째를 낳았어요. 제가 1982년도에 양민기(梁民基) 선생님이 처음으로 일본에서 하신 마당극을 보러 갔어요. 이쿠노(生野)구민센터에서 한 마당극을 보았는데 유창하지는 않았지만 우리말로 마당극을 하는 모습에 감동을 받았어요. 그것이 1982년 12월이었어요. 그 다음해에 코리아타운 한 가운데에 있는 일본기독교인 성화사회관(聖和社會館)[1]이 있는데, 거기서 김덕환 씨가 한국 사람으로 처음 관장으로 오시고 '이쿠노민족문화제(生野民族文化祭)'[2]를 조직하였습니다.

저는 그것을 몰랐고, 김학현(金學鉉) 선생님이 독서회 같은 것을 한다는 이야기를 듣고 성화사회관에 드나들기 시작했고 거기서 다시 우리말 공부를 해야겠다는 생각이 들었어요. 거기서 한국말에 대한 자극을 받은 거죠. 거기 가서 한국어 공부를 하기 시작했는데, 거기서 이쿠노(生野)민족문화제와 만났고 마당극을 한다는 소리를 듣고 거기에 참여하고 싶었습니다. 마당극에서는 처음으로 어머니 역할을 맡아서 하게 되었고 그렇게 해서 양민기 선생님과 같이 마당극 활동을 하게 되었어요.

1980년대부터 1990년대, 재일동포들은 조선학교[3]나 아니면 민단계 학교[4]에 많은 동포들을 보내지 않게 되었거든요. 80%가 일본학교에 가게 되고 지금은 거의 90% 넘게 일본 학교에 가게 돼요. 일본학교에 다니는 애들은 예전처럼 한국 사람인 걸 숨기고 자기 이름도 못쓰고 정체성 위기 속에서 살게 되거든요. 1970년대부터

---

[1] 세이와교회(聖和敎會)에서 운영하는 사회복지회관.
[2] 이쿠노구(生野區)에 거주하는 재일코리안의 축제. 1983년 10월 처음으로 개최되었다.
[3] 재일조선인총연합회 계열의 학교.
[4] 재일대한민국민단 계열의 학교로 금강학교와 건국학교 등이 있다.

일본공립학교 내에서 민족학급을 만들어서 방과 후에 우리말, 우리 역사를 가르치는 그런 운동이 일어납니다. 민족학급은 1948년 한신(阪神)교육투쟁5) 이후에 있었는데 거의 사라졌다가 1972년 7·4공동성명을 계기로 재일동포들이 아이들한테도 우리말을 가르쳐야겠다는 요구가 일어나게 됐어요. 그리고 일본사회에서 차별받는 사람들(부락해방운동)의 인권운동이 일어나면서 한국아이들에게도 자신의 문화에 대해서 알려야겠다는 요구가 나왔고 그러한 요구들이 확산이 되기 시작합니다. 그것이 일본인 교사들이 모여 일어난 '재일조선인교육 운동'이 일어납니다.

공립 일본인 학교에서 재일동포들에게 우리말이나 우리문화를 가르치는 학급을 만들기 시작하는데 거기서 우리말을 애들에게 가르치려면 강사가 필요하지 않습니까? 일본 교사들은 한국 사람이 떳떳하게 우리 이름을 쓰고 교단에 서서 우리말을 가르쳐야 한다고 생각을 했어요. 총련 학교에서는 기본적인 문화를 가르치고 있어서, 교사를 보낼 수 있는데 민단 쪽에는 사람이 없어요. 그래서 우리가 문화운동(마당극 모임)을 하니까 우리말도 알고, 장구 등 민족문화도 배우고 있지요. 역사도 배워야 되지 않습니까? 하다보니까 기본적인 우리문화에 대해 알게 되었어요. 그리고 제 남편이 1981년도에 일본 공립학교의 교사가 됐습니다. 한국인 교사들이 같이 민족교육을 확산시키는 일에 참여를 하게 됐고 계속 마당극을 하는 일들을 했었어요. 이런 움직임이 일어나기 시작하였고 문화가 갖는 힘이 눈에 보이게 되었어요.

---

5) 한신교육투쟁(阪神教育闘爭)은 재일조선인과 일본 공산당이 1948년 4월 14일부터 같은해 4월 26일까지 오사카부와 효고현에서 벌인 민족교육투쟁이다. 이 사건으로 연합군최고사령부는 전후 유일하게 비상사태를 선언했다. 한신교육사건(阪神教育事件)이라고도 불린다.

재일동포들은 이때까지 남이다 북이다 대립하면서 비판하는 모습들을 보면서 한국사람이라는 것이 싫다고 생각했었어요. 이런 대립을 넘어서 하나가 되고 우리 문제를 우리가 해결할 수 있는, 남이다 북이다 하면서 서로 싸우는 게 아니라 재일동포들이 힘을 합쳐서 뭔가를 해야겠다는 분위기를 만든 게 '이쿠노민족문화제'였고 그것이 그 당시 분위기였습니다. 그래서 저도 그에 동참을 했었고 거기에 참석하려고 했었고, 그런 것들이 '이쿠노민족문화제'가 갖는 역동적인 부분들이었고, 전국적으로 확산되고, 지금도 민족문화제가 다른 지역에 확산되고 있거든요. '마당'이라는 말도 많이 쓰이고 있고, 이러한 움직임들을 기록에 남겨야겠다. 그리고 우리 선배님들이 민족문화를 어떻게 계승해 왔는지 알아야겠다고 생각을 하게 되고 대학원에 들어갔어요.

그래서 한국에서 전승되고 있는 고성 오광대6)가 한국사회 안에서 어떻게 사회 조류와 맞춰가면서 보존회를 중심으로 계승해왔는가에 대해서 연구했었거든요. 지금은 재일 동포들이 문화운동을 어떻게 계승하고 있는가를 연구하고 있어요. 이런 연구는 거의 없거든요. 총련 쪽에서도 문화운동에 대한 자료가 거의 없어요. 한국에서는 전통문화라고 하지만 저는 '민족문화를 어떻게 계승해왔는가'라고 연구 제목을 잡았습니다. 왜냐면 총련 쪽에서는 북쪽에서 하는 민족문화의 계승이 전통문화라고는 할 수 없거든요. 그러니까 민족문화죠. 이러한 민족문화들이 어떻게 재일동포 안에서 계승되면서 지금 이루어지고 있는지에 대한 연구를 해야 된다고 생각이 들어 지금 당사자들을 만나서 구술조사를 하고 있어요. 그

---

6) 경남 지방에서 전해 내려오는 민속 가면극의 하나. 양반 계급에 대한 풍자가 주된 내용이다. 고성, 통영, 가산, 진주 등지에서 공연하는데, 과장(科場)의 수는 지방에 따라 5~7개로 차이가 있다.

리고 그것을 기술하는 것이 제일이라고 생각하고 있습니다.

아버지 일본에서 노동자 생활

Q : 아버님이 노동자로 생을 마치셨잖아요. 근데 사회주의 이념을 받아들여서 공부도 하셨기 때문에 노동자 계급이라는 것에 대해서 굉장히 신념을 가지고 있으셨을 것처럼 들렸는데, 그러한 긍정적인 생각이 선생님께도 영향이 갔을 것 같아요. 아버님 생각은 어떤 생각이었고 그것을 어떻게 받아 들이셨는지?

A : 저희 아버지는 사회주의와 관련된 책들을 많이 읽으셨던 것 같아요. 근데 우리 아버지는 총련하고는 조금 거리가 멀었습니다. 아버지가 예전에 술 마시면서 하시던 말인데, '내가 큰 실수를 했다' 이런 얘기를 하셨거든요. 그 당시만 해도 지금 쇼지(小路) 주변에서 조금 가면 오세초(大瀨町)라는 지역이 있는데 거기에도 한국 사람이 많이 살거든요.

1950년 6·25 전에 '국기사건'이라는 게 있었습니다. 재일동포들이 그 당시만 해도 북한에 대한 환상이 컸기 때문에 국기를 가지고 있었던 거죠. 국기를 가진 사람들이 다 재판을 받고 감옥에 들어갔는데, 우리 아버지가 오세초 지구 사무소에 있는 국기를 치워야 했는데 깜빡했대요. 그런데 딱 경찰이 들이닥쳐서 보니까 그 국기가 있었다고 해요. 그때 지구 위원장님이 계셨는데 그분이 자신이 그 국기를 놓았다고 하셔서 대신 잡혀가셨대요. 그래서 그분이 강제 송환이 되어 행방불명이 되셨대요. 그런데 한국에서도 본 사람이 없다고 하니까 혹시 바다에 던져진 것이 아니냐 하면서 그게 아버지 자신이 책임이라고 하셨어요.

Q : 아버지의 그런 이야기들이 남과 북이라는 이데올로기를 떠나서

구술에 앞서 고려학회 사무실에서 가진 환담

어떤 민족문화를 넘어서는데 영향을 주지 않았나 그런 생각입니다.

A : 네, 그럴 수도 있습니다. 사람이 어떻게 살아가는가? 그리고 당연히 그 당시만 해도 우리 아버지가 당시는 조선사람이라고 차별대우도 받아왔고 그렇게 살아왔었기 때문에 당연히 그건 느끼고 있었고 '당연히 아니다'라고 생각하고 계셨고. 그러니까 그런 영향을 받고 있었죠.

Q : 아버지의 그런 이야기들이 남과 북이라는 이데올로기를 떠나서 어떤 민족문화를 넘어서는데 영향을 주지 않았나 그런 생각입니다.

A : 네, 그럴 수도 있습니다. 사람이 어떻게 살아가는가? 그리고 당연히 그 당시만 해도 우리 아버지가 한국인, 조선사람으로 차별대우

도 받아왔고 그렇게 살아왔었기 때문에 당연히 그건 느끼고 있었고 '당연히 아니다'라고 생각하고 계셨고. 그러니까 그런 영향을 받고 있었죠.

Q : 너무 작은 얘긴지 큰 얘긴지는 모르겠는데, 아버님이 조련에서 활동을 어떻게든 하신 거네요?

A : 그러니까 제가 그런 것에 관한 관심을 가지는 게 늦어서요. 아버지가 돌아가시기 직전에 얘기를 들었는데 많이 까먹더라고요. '아버지 옛날에 이런 얘기 하셨는데' 이래도 '아 그런가. 기억이 없네' 이러시더라고요. 그래서 제가 보기에는 아버지는, 옛날 일제시대 때 공산주의운동을 조선 사람들도 많이 하지 않았습니까? 그런 것에 관여를 하고 있었던 것 같아요. 그렇다고 해서 큰 간부나 그런 것은 아니고요.

Q : 아, 그래요. 아버지 성함이 어떻게 되세요?

A : 고한혁(高翰赫)이라고 하는데, '한'자 돌림이거든요. 저희 아버지는 돌림 자 같은 거 아들에게는 사용하지 않았습니다. 왜 그러느냐 하면 이런 유교적인 것이 우리나라를 망하게 했다고 해서 사용하지 않았어요.

Q : 그럼 일제시대 때 항일운동 하신 거네요?

A : 음. 그렇죠. 그렇다고 해서 전면에 나서서 한 것은 아니었습니다. 말단에서 있던 것 같아요.

Q : 선생님께서 그때 보시던 책 계속 갖고 계시겠네요?

A : 그것을 갖고 있었는데요. 제가 그것을 버렸습니다. 너무 낡아서 복

사를 할 정도도 아니고. 옛날에 아버지가 가지고 계셨을 때는 조련[7]이 활발하게 일했죠. 지금 총련이 결성되기 전에 우리나라 역사에 대해서도 그러니까 그 당시만 해도 유물사상으로 쓴 역사책들도 있었거든요. 옛날에. 그리고 일본말로 된 책들도 많아요. 소련 국제 공산주의운동에 대한 책들도 있었고, 흐루시쵸프[8]의 『스탈린비판』이라던가 그런 것들도 있었고, 그리고 유물사상에 대한 철학책들도 있었고, 그런 것들이 의외로 많았는데 우리 엄마 얘기로는 하도 생활이 어려워서 트럭에다가 책을 실어서 팔아 살았다고 합니다. 남은 책들은 갖고 계셨는데 아버지한테서 그런 이야기는 못 들었습니다. 아버지가 나이 드셔서 제가 이런 책들을 보면서 '아버지가 여태까지 살아온 일들을 쓰시면 어떻겠습니까?'라는 얘기도 해봤는데, 그렇게 생각을 하고 있다고 하시면서도 못쓰시더라고요.

Q : 아버지가 관련된 일제시대의 기록들 한 번 찾아 보셨어요?
A : 없습니다. 안 나와요. 아버지도 그런 얘기도 안하셨고요. 다만 이런 얘기 한 번 하셨어요. 자기가 젊으셨을 때 일제시대 때 겁이 없어서 지하운동을 하는데, 책방이 있는데 그 뒤편에 공간이 있었대요. 일본 순경들이 오는 것을 알면서 거기서 숨도 안 쉬고 숨어 있었대요. 우리 아버지가 '젊은 시절의 도전이라고 할까' 이렇게 말씀하셨어요. 그래서 아버지가 젊었을 때는 그런 것에 관심이 많았구나라고 생각했어요.

---

7) 재일조선인총연합회.
8) 1894~1971. 소비에트 연방 4대 서기장.

재일코리안 활동가에 대해

Q : 지금 이 동네[9]에서 그러신 거죠?

A : 예.

Q : 소설 같은 이야기네요.

A : 그렇죠. 드라마에서 나오는 장면인데, 그런 얘기도 하셨고, 독립
   운동가이신 김천해[10]에 대해서도 물어 봤었어요. 그런데 아버지
   가 본 적이 있다 그러시더라고요. 제가 김천해씨에 대해서 관심을
   가지고 있었기 때문에, 아주 유명한 분 아닙니까? 전설 같은 분이
   시잖아요. 키도 크고 얼굴도 잘 생기고 연설도 잘 했다고 얘기를
   들었어요. 사진을 보니까 그렇더라고요.

Q : 또 누구 혹시 아시는 분은 없는지요?

A : 제가 사회주의를 잘 몰라서 운동하신 분들에 대한 관심이 없었습
   니다. 그래서 얘기를 못해 봤어요. 근데 우리 아버지께서는 한덕
   수[11] 씨에 대해서는 말씀 안하셨습니다. 말하자면 총련이 생기면
   서 조련에서 하던 일들을 비판하면서 나오지 않았습니까. 그래서
   아마 우리 아버지는 여태까지 하고 있었던 현상호[12]나 그런 측에
   계셨던 것 같아요. 그래서 우리 아버지는 조련 이후에는 관여를
   안 하셨고 거기하고는 거리가 멀었습니다.

---

9) 쓰루하시(鶴橋) 일대이다.

10) 김천해(金天海). 해방 전후 재일조선인운동가, 본명은 김학의(金鶴儀).

11) 1907~2001. 재일조선인 운동가, 재일조선인총연합회 중앙상임위원회 의장 역임.

12) 재일 제주인 활동가.

제주도와 이쿠노에 대한 생각

Q : 선생님도 제주도 분이 시잖아요. 제주도와 이쿠노나. 이 지역에서
 의 제주도에 대한 선생님의 생각은 어떤가요?

A : 제가 살던 동네에는 한국사람들이 많았거든요. 그래서 제주도분
 들이랑 거의 같이 살았습니다. 제주도식으로 말하자면 육지 사람
 이 안계셨거든요. 그 지역에는, 그러니까 당연히 제주도적인 것들
 을 민족문화라고 생각했었습니다. 어머니가 여름에 멸치 넣고 나
 물 넣고 국 끓이는 것도 한국의 전통적인 음식이라고 생각을 했었
 거든요. 제주도 분들은 마늘 줄기를 장아찌로 해서 잘 먹거든요.
 그런 것들이 당연히 우리 문화라고 생각했었습니다.

 그리고 우리어머니가 하는 말도 당연히 한국말(표준어)인줄 알았
 습니다. 저는 기억이 안 나는데 우리 아버지가 하는 말이 제가 조
 선학교에 갔는데 처음으로 배워온 말이 "너 뭐락하노?"이었다고
 하더라고요 우리 아버지가 그 얘기를 하면서 대게 웃으시더라고
 요. 전 그게 경상도 말인지 몰랐어요. 제가 다닐 때는 1959년도에
 다녔기에 선생님들이 경상도 분들이 많았어요. 나중에 경상도로
 유학을 와서 아버지가 왜 웃으셨는지 알게 됐어요. 우리 부모님이
 하시는 모든 동작이나 모든 생활습관이 한국이라고 생각을 하고
 민족이라고 느꼈습니다. 말도 그렇고요. 어머니가 제주도 말과 일
 본말을 섞어서 말 하시는 걸을 보면서 그 이유도 제가 공부하면서
 왜 이렇게 됐는지 알게 됐어요.

 예를 들어 판소리 창자 안성민[13] 씨 이야기를 들었는데 자신의

---

[13] 안성민(安聖民, 41, 오사카시 이쿠노구). 재일한국인 3세. 2013년 5월 한국 전북
 남원시에서 개최된 '춘향국악대전'에 판소리로 출전하여 '해외동포상 – 특별상'을
 수상했다. 현재 오사카 이쿠노구를 거점으로 판소리, 민요, 장구 등 문화교실에
 서의 지도 및 공연활동을 정력적으로 펼치고 있다.

할머니의 모든 것이 '민족'이라고 생각을 했고, 제주도 말이 우리 말이라 생각을 했다고 했어요. 저는 학교에 다녔으니까 표준말을 배웠겠죠? 그러니까 말은 표준말이고 생활습관은 제주도의 제사 같은 것들이 제사라고 생각을 했는데, 말하자면 왠지 한국문화가 한가지라고 생각을 한 거예요. 그런데 제가 결혼을 충청도 분이랑 했습니다. 시댁에서는 제사하는 방식이 다르더라고요. 상에 올리는 제물도 다르고요. 여자는 절대 절도 안했고요. 우리 제주도는 여자도 당연히 절을 하거든요. 거기는 완전히 남자만 하는 것이었습니다. 그래서 내가 깜짝 놀랐습니다. '아 다르구나.' 음식도 달랐고요. 나물은 같은데 김치도 그렇고 양념도 다르고 모든 것들이 달랐습니다. 그리고 우리 제주도는 생선이 싱싱하기 때문에 소금만 뿌려서 석쇠에 굽는 구이가 많은데 우리 시어머니는 갈치를 참기름으로 후라이팬에 구우시는걸 보고 '아 충청도는 생선이 싱싱하지 않아서 그렇게 하는 구나'라는 것을 나중에 공부하면서 알게 됐습니다.

제가 2000년에 고성에 가봤습니다. 고성도 다르더라고요. 쇠고기는 안올리고 제사상에 다 생선 만 올려요. 그러니까 그런 것 등등을 알면서 민속자료에 나오는 것도 '이런 거구나'라고 느꼈고, 한국에 가면서 공부를 하게 됐고 생활하면서 많이 배우게 됐습니다.

Q : 다른 지역 출신하고 그런 차별은 없나요?

A : 일제시대 때는 경상도 사람들이 방을 한 칸 얻어도 윗집을 빌리거나 그렇게 해요. 그런데 육지 사람들이 제주도 사람한테 방을 안 빌려줬답니다. 그래서 항의하거나 그렇게 하는 일들이 있었다고 그렇게 얘기를 들었습니다. 그리고 저는 결혼을 충청도 사람이랑 했는데 저는 그때까지만 해도 제주도 사람들 안에 살아왔기 때문에

제주도 사람들이 그렇게 차별받는지 몰랐거든요. 결혼을 했는데 시댁 식구들이 저를 대하는 반응이 달랐습니다.

Q : 어떻게?

A : 그러니까 동서가 계시는데 경상도 분이셨거든요. 동서한테는 부모님 소개해 달라는 말을 하시는데, 저한테는 절대 그 말 안하세요. 저는 제주도니까.

Q : 오히려 요즘은 제주도가 여기서

A : 그러니까 제가요. 결혼을 해서 신혼여행 끝마치고 인사하러 갔는데 거의 대접을 안 해 주더라고요. 방에도 안 들여 보내주는 시고모님도 있었어요. 저는 진짜 이해가 안 갔어요. 저는 그때 결혼하면서 육지에서는 이렇게 제주도를 차별하는 것을 알았거든요.

Q : 어떤 이유로 차별을 하는 것 같아요?

A : 제주도 분에 대한 차별이, 전라도 차별이 있는 것 같이 심했어요. 일제시기에 일본에 오셨기 때문에 그 시대의 사고방식이 개선되지 않고 그냥 남아있는 거예요. 일본에 있는 재일동포들 사이에서는.

Q : 그러면 제주도 출신의 여성이면 최악이네요.

A : 그렇죠. 최악이죠.(웃음) 제가 그것을 결혼을 해서 알게 됐죠. '아 이런 거구나' 해서. 책이나 옛날 신문에 나오는 자료에서는 봤는데 설마 체험을 안 했으니까 모르지 않습니까? 그런 것을 모르고 한국에 갔었죠. 저는 1978년도에 처음으로 한국에 갔어요. 그때는 큰딸을 데리고 갔는데 시댁에 갔거든요. 우리 시어머니가 혼자만

일본에 시집오셨고 시어머니 가족분들 형제분들이 다 충청도에 계시고 서울에 살고 계시니까 거기에 갔거든요. 오히려 그분들은 제가 제주도인 걸 알고 잘해 주셨어요. '제주도 어 괜찮다' 그러면서 '제주도 사람들이 똑똑하고 그렇지' 그러더라고요. 그래서 나는 오히려 한국에 가서 '아 제주도 인식이 많이 달라졌구나'라는 것을 알게 됐는데 근데 일본에서는 여전히 그랬어요. 그런 차이를 보면서 한국은 사회가 많이 변하면서 인식도 빨리 바뀌지고 그러는데 오히려 일제시대 때에 오신 분들이, 우리 엄마도 그렇고. 고향에 있었던 생각이 박혀 있어서 그게 쉽게 바뀌지지 않더라고요.

Q : 그 제주도 여성들이 참 능력이 있잖아요. 마찬가지로 그 전통이 오사카에도 왔습니까?
A : 그럼요.

제주도 분들 이야기

Q : 제주도가 1940년대까지는 전라도였잖아요. 전라도 분들과 제주도 분들하고도 사이가 별로 좋지 않습니까?
A : 전라도 분들도 계시긴 했는데, 거의 그러니까 제주도 사람이 제주도 사람만으로 일제시대도 그렇고 계속 제주도 하고 왔다 갔다 하지 않습니까? 그것으로 자기들의 사회가 충족된 거 같습니다. 그리고 제주도 분들은 해방 후에도 4·3사건 이후 계속 밀항으로 오니까 제주도 사람도 계속 제주도 하고의 소식도 그렇고, 계속 연결하면서 네트워크를 가지면서 계속 살아왔던 것 같습니다. 그러니까 전라도 분들과 어울리는 분들도 계셨을 테지만 그 문제에 관해서는 잘 모르겠습니다.

Q : 대체적으로 연구를 해보면 지금도 섬의 여자분들이 남편이 나가서 옛날에 풍랑을 만나서 일찍 죽기도 하고. 또 그러다 보니까 배를 타고 또 섬 안에서 모든 일을 여성분들이 다 해야 하니까 억세고 자립심도 강하고 당연히 제주도도 섬이고 일본도 당연히 섬이니까. 그런 게 영향이 많이 가서 여성분들이 좀 나쁘게 말하면 억세지만, 좋은 말로 하면 굉장히 활동적이고 생활력이 강하신 분들이죠. 그러다 보니까 너무 제주도 사람들만 뭉치다 보니까 다른 지역 사람들 하고 어떤 교류가 적고 이질감을 느낀 건가, 그렇지 않으면 뭍하고 섬이었기 때문에 같은 한국에서 왔지만 상당히 생활 풍습이 다르다는 이질감 때문에 이렇게 된 건가?

A : 그러니까 제가 생각하기에는 그 일제시대에 갖고 있었던 그 당시의 경상도 사람들이 제주도 사람들을 보는 인식, 섬사람에 대한 차별 천시감, 그리고 원래 제주도는 죄인들이 많이 가는 귀양지였

구술하는 장면

고 그러니까 그런 것에 대한 인식이 바꿔지지 않고 갖고 계신다.
그러니까 경상도 사람들은 경상도 사람들만 뭉치고 배타적이죠.
제주도 사람들은 그러니까 제외되고 소외당하고 소외당해도 저희
가 인원수도 많으니까 해서 항의도 하고 그렇게 지내고 있습니다.

Q : 저기 어머님 말씀 많이 하셨는데 선생님 구술하셨잖아요. 제주도
여성 구술하셨는데 그중에서 이런 얘기는 내가 꼭 항상 기억하고
있다 그런 얘기 해주시면 도움이 될 것 같아요.

A : 네. 그러니까 저희들이 여성분들을 많이 구술을 했는데 저희는
밀항으로 온 사람들을 주로 했습니다. 그러니까 해방 직후에 일본
으로 건너온 사람들, 그러니까 제주도 4·3사건을 제주도에서 경
험하면서 그분들의 일생이 어떻게 변했는가를 구술을 통해서 밝
히려고 했습니다. 4·3사건 이후에 일본에 오신 분들을 보면 제주
도에서 나서 자란 사람도 있었지만 일본에 계시다가 공습을 피하
려고 제주도로 갔다가 거기서 해방을 맞이해 4·3사건 이후에 건
너온 사람들도 많았습니다.

이 분들의 얘기로는 밀항으로 왔으니 남의 외국인등록을 사서 갖
고 있던 사람들도 있었고, 그냥 외국인등록이 없는 사람들도 있었
는데 증언자들은 생활력이 강해서 일을 많이 하는 거예요. 사실
남편하고 같이 일을 하기도 하는데 그중에는 남편을 공부시키는
분도 있었습니다. 그리고 많은 분들은 외국인등록이 없기 때문에
바깥에서 활발하게 일할 수 없지 않습니까. 그래서 우리 엄마도
그랬었는데 마또메[14]라는 집에서 하는 일이 있습니다. 그 신사복
에 손으로 해야 하는 부분을 내직(內職)이라는 일본말로는 '나이

---

14) まとめ : 정리함, 한데 모음.

쇼쿠(ないしょく)'라고 하는데, 집에 있으면 공장에서 일거리를 갖다 주고 다하면 한 장에 얼마 주거든요. 그래서 손이 빠르면 벌이가 많아지는 그런 일을 했었거든요. 근데 우리 어머니 같은 경우에도 가족이 다 도와서 하거든요.

예를 들어 저의 아버지는 낮에는 공장에서 일하셨는데 그것보다 더 많은 수입을 얻었어요. 왜 그러냐면 아버지는 공장에서 돌아오시면 단추를 거는 일을 하고. 할아버지가 옛날에는 같이 사셨거든요. 할아버지는 실 뽑는 일을 하셨고. 저희들은 어릴 때부터 나이에 따라 하는 일이 정해져 있었어요. 다섯 살 때는 실 뽑는 일을 하고 초등학교에 들어가면 소매나 주머니 등 간단한 바느질을 할 수 있으니까 우리가 하고, 우리 어머니는 중요한 부분만 하고, 이렇게 해가지고 하루에 몇십 장씩 하거든요. 그렇게 가내공업 식으로 했었어요. 그렇게 밀항하여 오신 분들은 집에서 할 수 있는 일을 하셨습니다.

힘겨웠던 일본 생활

Q : 주로 어떤 옷을?

A : 신사복 바지는 말고요. 상의만. 한 분은 어릴 때 일본에 계시다가 일본학교를 다녔거든요. 그래서 계산도 잘하고 글도 쓸 줄 아는데 해방 후에 제주도에 갔다가 거기서 4·3사건을 경험하고 이후에 일본에 건너오신 분인데 그분은 이 일을 맡아서 주변에 있는 한국 사람들한테 다 돌린데요. 다 된 양복을 다시 모아 수금하고 리베이트를 받고 해서 남편하고 7명의 자제분들을 키웠던 분이 계세요. 그분은 그렇게 하고 한편으론 다노모시[15] 알죠. 계 같은 거.

---

[15] たのもし(頼母子), 한국식 계(契).

그런 것들을 하면서 애들을 키웠다고 합니다.

Q : 옷은 양복의 위에만 재단해서 잘라준 것을 하나요, 아니면 기본적인 것을 하나요?

A : 양복은 기본적으로는 미싱으로 하는데, 아무래도 미싱으로 안되는 부분이 있어요. 그런 부분은 손으로 하거든요. 그런 부분을 손바느질을 하는 일을 마또매라고 합니다. 한 장에 얼마, 100원. 이렇게 해요. 다른 한 분은 남편이 계신 분인데 유리병을 만드는 공장일을 하다가 잘 안 돼서 미싱 일을 했는데 남편이 돌아가신 후에는 더 열심히 하셔서 애들을 대학에 보내고, 그렇게 일하면서 재혼도 하지 않고 혼자서 애를 키운 거죠.

Q : 옷 만드는 거 말고 이 동네에서는 하시는 일이 있을까요?

A : 오사카는 가내공업들이 많지 않습니까? 그것을 부분마다 하는 일들을 각자 집으로 배송하고 마지막에 공장에서 제품으로 되는 거거든요. 그러니까 미싱 하는 일, 집에서 미싱 두 개를 하면서 그걸로 가내공업을 해서 부부가 아들딸들한테서 도움을 받으면서 살아간 거예요.

Q : 그거 뒷굽을 박는 거?

A : 예. 그런 일들도 있고. 힘센 사람들은 할 수 있는데 그런 것을 못하면 미싱 등 여러 가지 부분이 있어요. 그런 것으로 여러 부분을 나누어 일을 하는 분들도 있고. 아 그 외에도 우산을 미싱으로 하는 것도 있습니다. 그런 일을 하는 사람도 있었거든요

Q : 제주도 얘기니까 계속해서 해녀 이야기, 제주도에서 오셔서 계속

하시는 분 이야기 좀 들려주시지요?

A : 아 계속 하시는 분들은 안계시고요. 저희는 그러니까 같이하는 이
　　지치 노리코16) 선생님은 해녀를 연구하니까 저희들이 국사편찬위
　　원회에서 재일동포 구술조사를 했었거든요. 그때는 옛날에 해녀
　　를 하셨던 코리아타운에서 김치가게를 하시는 할머니 얘기를 들
　　었습니다. 그분은 어릴 때부터 해녀를 하시다가 일본에 오셔서 시
　　코구17) 지역에 다니다가 오사카 코리아타운에 자리를 잡으시고
　　김치가게를 하셔서 빌딩도 세우고 그렇게 하셨대요. 그런데 대부
　　분 보면 제주도 분들이 이혼을 하는 것에 대해서는 거부감이 덜
　　한 것 같아요. 얘기를 들어 보니까 안하는 분들도 계셨지만 이혼
　　해서 재혼하시는 분들이 꽤 많더라고요. 그러니까 유교적인 생각
　　으로는 이혼을 하는 것에 대해서는 거리낌이 많을 텐데 제주도 분
　　들이 의외로 물론, 그에 대한 열등감이 우리 엄마도 있기는 하는
　　데 재혼을 하는 사람들이 많더라구요. 육지사람들에 비하면 여성
　　들이 자립적이라고 얘기를 할까요. 그러니까 가족의 경제적인 부
　　분을 여자들이 충족시키는 역할을 하고 계셨기 때문에 경제력을
　　갖고 계셨기 때문에…

Q : 집안의 경제의 힘이 곧 여성의 인권인가요?

A : 발언권이죠. 가정에서. 육지는 안 그럴 거 같은데 그렇더라고요.
　　그래서 재밌는 얘기가 있는데, 시어머니가 저한테 결혼을 하면 저
　　한테 일을 하지 말라고 했거든요. 그렇게 하면 남편이 부인의 벌

---

16) 이지치 노리코(伊地知紀子). 오사카시립대학교수, 국제고려학회 일본지부 이사
　　로 제주도를 주로 연구하고 있다.
17) 시코구(四國). 일본을 형성하고 있는 네 개의 섬 중 하나로 혼슈(本州) 아래 있는
　　섬이다.

이에 의존하여 일을 안 하게 되니까 가만히 집에 있어서 밥이나 하면 된다. 이렇게 말씀하셨는데요. 우리 엄마도 그렇고, 옆에 사시던 제주도 할머니도 마또메를 소개하면서 "집에서 마또메 해라. 집에서 빌빌 놀면 아깝지 않냐." 이렇게 말씀하시니까 저는 집에서 했었어요. 마또메를. 애 갖고 있을 때요.

Q : 생활 얘기하시니까 선생님도 음식 같은 거 하실 때 어떻게 해서 드세요? 그냥 편안하게 평상시 아침 점심 저녁은?

A : 지금은 밖에 나가는 기회가 있으니까 그렇지는 않는데 애를 키울 때는 저는 기본적으로 아침은 빵을 먹었던 거 같고 점심은 각자 학교에 가고 그리고 저녁은 한국음식을 주로 했고 김치도 담았습니다. 저희 시어머니가 김치를 잘 담으셔서 배우고 싶어서 앉아서 배웠고, 시이모님이 한국에서 오셨을 때도 배웠고. 시어머님이 요리를 되게 잘하셨거든요. 우리 엄마는 일을 해야 하니까 간단하게 먹을 수 있도록 요리를 잘 안하세요. 왜 그러냐면 제주도는 재료가 신선하지 않습니까. 그렇게 손을 가할 필요가 없습니다. 맛있거든요. 아무거나. 국도 그냥 생선을 넣고 끓이면 되고 미역국 같은 것도 미역 넣고 간장 넣고 이러면 끝나거든요. 그런데 저희 시어머님은 미역을 참기름에 볶아서 고기도 볶아서 그 다음에 다시를 넣는데 그것도 다시마랑 가츠오[18]랑 해서 다시를 내서 그렇게 꼼꼼히 하시더라고요. 우리 시어머님은 요리를 주로 하시니까 집안일을 하시니까. 우리엄마는 계속 일을 하시니까. 중간에 밥하고 밥 먹고 치우고 일을 빨리 해야 하니까. 저는 시어머니한테 음식을 많이 배웠습니다.

---

[18] 가츠오(かつお), 가다랭이(鰹).

한국과 다른 음식문화

Q : 선생님 김치는 어떤 거 잘 담그세요?

A : 시어머님한테 배추김치 배워서 담그고. 그리고 물김치는 해봤는데 조금 어렵더라고요. 그리고 동치미도 담그고. 한동안은 그런 것이 너무 재미있어서 한국음식을 많이 만들어 놓고 친구들 불러 놓고 잔치하는 거 좋아했습니다. 제주도 사람들이 베푸는 거 좋아하잖아요. 저도 베푸는 거 좋아하거든요.

Q : 재료가 한국거랑 좀 다르죠?

A : 다르죠. 그러니까 여기에 맞춰야죠. 없으니까. 청국장 같은 것은 우리 시어머님은 낫또19)를 다져가지고 거기에다가 일본 된장을 넣고 그리고 마늘 넣고 참기름 넣고 청국장 식으로 해서 맛있습니다.

Q : 다음에 언제 김치를 담그세요? 다음에 맞춰서 오겠습니다.

A : 아닙니다. 저는 지금 간단하게 배추 같은 것도 썰어서 금방 먹게 합니다. 먹는 사람이 둘밖에 없고. 그리고 집에서 밥 먹는 것도 두 번 밖에 없어서 일주일에 한 두 번 밖에 없는데 너무 좀 그렇지 않습니까

Q : 남편분이 충청도 분이시라 일 안 도와주시지요?

A : 아닙니다. 왜냐면 저희 친정아버지가 제사 때도 아버지가 다 고기 썰고 양념하고 젓갈은 아버지가 다 했습니다. 시장도 같이 보셨고요. 우리 엄마는 굽고 그런 거만 했습니다. 지금도 그러니까 우리 엄마는 칼질하고 그런 거 안 하세요. 아버지가 안 하시고 난 다음

---

19) 낫또(なっとう, 納豆) : 푹 삶은 메주콩을 볏짚꾸러미 등에 넣어 발효시킨 식품. 발효시킨 콩에 간을 해서 말린 식품.

에는 작은 어머님이 하셨고요. 작은 어머님이 지금 아프시니까 지금은 제가 하고 있고요. 우리 엄마는 절대 안 하세요. 여태까지. 아버지가 다 하셨어요. 그렇게 살아 오셨어요.

우리 어머니는 제주도에 왕래를 하셨는데 아버지는 한 번도 고향에 안 가시고 돌아가셨거든요. 그건 한 번 패스포트[20] 만들려고 민단에 갔는데 옛날식으로 '동무'라는 말을 하셨대요. 옛날에는 동무라는 말을 그냥 썼대요. 민단 사무소에서 실무하시는 분들에게 동무라는 말을 썼다고 해서 나이 드신 어르신한테 욕설을 들었대요. 버릇없게. 그러니까 동무라는 말을 썼으니까 북한이라고 해서요. 그래서 우리 아버지가 안 가겠다 해서 절대 안 가셨어요. 한 번도 안 가셨어요. 90살까지 사셨는데. 대신 저희 어머니가 1965년 국교 이후에 할머니도 계셨고, 증조할머니도 계셨으니까 여권을 만들어서 배로 제주도 자주 가셨는데 그때도 우리 어머니가 며칠 안 계셨는데 아버지가 다 밥하고 그렇게 하셨거든요. 아버지가 그렇게 하셨기 때문에 저희 남편도 제가 없을 때 애들 다 먹이고 도시락까지 다 쌌어요. 그래서 우리 딸은 도시락을 신문에 쌌다고 이쁜 것도 있는데 너무 창피했다고 얘기하더라고요. 우리가 부모님 제사모실 때 남편도 같이 앉아서 같이 전지지고 그렇게 해요.

Q : 좋으시네요.

A : 예. 저희 남편은 아주 잘하세요.

Q : 일반적인 경우인가요? 남편들이?

A : 아닙니다. 지식인들 얘기 들어보면요 여성분들이 한국 남자보다

---

[20] 패스포트(passport), 여권.

일본 남자랑 결혼하는 분이 많아요. 한국 사람들이 너무 봉건적이라서 같이 못살겠다는 말을 많이 해요. 재일동포 여성이 일본 사람들하고 많이 결혼을 하는데, 이게 통계적으로도 나와요. 여성이 일본 사람들하고 결혼하는 경우가 통계적으로도 훨씬 많다고 나오거든요. 1970년대 단계에는. 그래서 몇 분 얘기를 들어보면 한국 남자들이 너무 봉건적이라서 그런다고 하더라고요. 제가 저희 아버지랑 저희 남편도 안 그러니까 깜짝 놀랐어요.

Q : 진보적이라서 그런 거 아닙니까?
A : 그럴 수도 있죠.

Q : 한국 사람하고 상관없는 거네요?
A : 그렇죠. 민족운동하는 사람들도 집에 들어가면 봉건적이지 않습니까?

이쿠노 문화제에 대해
Q : 시간이 좀 됐지만 조금 더 할게요. 선생님도 좀 이해해주시고 아까 말씀하시다가 보면 '이쿠노민족문화제' 얘기를 여러 차례 하셨거든요. 관심도 가지셨고 거기에 김덕환 선생님 말씀이 나오셨잖아요. 김 선생님 얘기도 좀 해주세요. 전설적인 인물이시죠?
A : 예. 저는 이쿠노민족문화제 얘기할 때 반드시 김덕환 선생님 얘기를 해요. 그분이 기독교인이시구요. 코리아타운 한 가운데에 있는 기독교 사회관 관장으로 오시면서 거기가 근거지로 돼서 자리를 잡게 됐어요. 어제도 이쿠노민족문화제 마지막 위원장을 한 친구한테 얘기를 좀 들었어요. 제가 그것도 좀 취재하고 있기 때문에 그 친구는 나가타(長田) 마당도 참석했고 이쿠노민족문화제도 참

구술하는 고정자 선생

석했고 양쪽에서 했었는데 둘의 큰 차이가 뭐냐면 나가타 마당은 근거지가 없는 거예요. 평소 만나기가 좀 힘들었던 거, 그에 비하면 김덕환 선생님이 거기에 계시니까 항상 거기에 가면 누구나 만날 수 있고, 거기서 모든 것들이 이루어지고 그렇게 할 수 있었던 공간이 있다는 게 아주 중요한 거 같더라고요.

재일동포들과 제주도 사람들도 그렇고, 코리아타운이 갖는 그런 것들이 항상 한국을 연상케 하고 체험할 수 있고 한국을 느낄 수 있는 자리가 바로 코리아타운이기 때문에 그런 공간이 있다는 게 중요한 거거든요. 그렇기 때문에 중국 사람들이 어느 나라에 가도 차이나타운을 형성하고, 그거는 생업과 연결도 있지만 민족성을 유지하는데 아주 중요한 역할을 하고 있다고 생각해요. 그런 점에서 공간이라는 게 중요한 데 바로 그런 공간이라는 역할을 김덕환 선생님이 거기에 있으면서 시작했고 그분이 그 당시 이쿠노민족문화제를 할 때 원칙이 있었는데, 한국 사람들만으로 하는 것, 그리고 남과 북을 가리지 않고, 조선 국적이라도 상관없고 한국 국적이라도 상관없고 일본 국적이라도 한국에 뿌리를 가진 사람이라면 괜찮다. 왜 그러냐면 일본 사람들을 거기에는 끼워 놓지 않았습니다.

이쿠노는 시민운동이 활발한 지역이기 때문에 시민운동을 하는 사람들은 아주 소외감을 느꼈고, 그러기에 일본사람들은 이쿠노 민족문화제는 국적조항이 있는 문화제다, 이렇게 얘기를 하는데, 말하자면 재일동포들이 기존의 민족단체 말고 재일동포들이 사회운동을 할 때, 시작은 재일동포들과 일본사람들이 같이 시작하는데 하다보면 재일동포들이 한두 명씩 빠져서 마지막에는 착실한 일본사람들만 남게 되고, 그 후에 단체는 유지되고 있지만 거기에는 재일동포는 한 명도 없는 이런 것들이 꽤 많거든요. 그래서 우리가 자신의 힘을 길러야 되지 않냐고 생각을 하게 되면서 마쯔리[21]라는 말을 하게 돼요. 일본 지역사회에서는 지역사회 사는 사람들이 1년에 한 번하는 마쯔리가 있거든요. 그때 외지에 나갔던 사람들이 고향에 돌아오면서 다시 공동체를 재확인하는 방식이 바로 마쯔리 라는 장치거든요.

이러한 마쯔리라는 문화를 통해서 우리 힘을 키우자. 그러기 위해서는 일본인의 힘을 빌리지 않고 우리 힘으로 하자, 그래서 일본 사람들의 힘을 빌리지 않으려고 한 거거든요. 그 당시만 해도 우리 스스로의 힘을 키운다는 것이 중요한 과제였어요. 저도 그것에 동감해서 참석했었고, 그리고 이념을 초월하자 그러니까 개인이 아니라 조직이 들어 오는 것은 허용하지 않았어요, 말하자면 조직

---

21) まつり(祭り). 축제.

의 논리나 이익에 휘말리지 않으려고 애쓴 것입니다. 그러니까 어디까지나 개인 개인이 참여하여 만들어 내려고 했어요. 마지막으로는 회계문제입니다. 언제나 빨갱이로 몰릴때에는 운영자금이 문제가 되거든요. 그래서 회계를 공개하자, 명확히 하자, 이렇게 함으로써 이쿠노민족문화제를 계속하면서 계속 나온 빨갱이의 집단이라는 루머에서 벗어나기 위해서는 필요한 전략이었어요.

지역을 돌면서 기부를 받고 가게를 돌면서 광고비를 받거나 추석 때에 길놀이를 하면서 기부금을 받고 그렇게 스스로 운영자금을 만들어 가면서 하려고 했어요. 1년마다 실행위원을 모집하고 끝나면 해산하고 해마다 모집은 그런 식의 방법을 택했습니다. 그게 바로 우리나라가 남북으로 갈라져 있기 때문에 갖는 이념대립을 초월하고 화해하고 상생하는 그런 하나의 축제를 만들고자 했던 목적이었습니다. 이 시기 이쿠노민족문화제는 아주 중요한 역할을 했습니다. 그 당시 1983년도, 1980~90년도에 공립일본인 학교 안에서 민족학급들이 확산되었습니다. 민족학급에서 배운 애들이 참석할 수 있는 장이 필요했고 그런 민족학급들이 확산되면서 이쿠노민족문화제는 계속할 수 있었던 거죠.

Q : 민족학급 말씀하셨잖아요. 한국에서는 민족학급 잘 모르거든요?
A : 그럼요.

민족교육에 대해

Q : 그러면 민족학급에 대해 말씀해주셨으면 좋겠습니다. 오사카를 중심으로 어떻게 운영되고 어떤 프로그램인지?
A : 1948년 4월 24일 한신(阪神)교육투쟁으로 인해 조선인학교가 다 폐지되지 않습니까? 그리고 그 당시만 해도 일본 국적이었기 때문

에 일본의 헌법상 국민의 의무가 의무교육이지 않습니까? 우리는 일본 국적이기 때문에 의무교육을 받아야 했습니다. 그러니까 일본정부가 인정하는 학교에서 의무교육을 받아야 되거든요. 그렇다면 조선인학교를 다니는 아이들은 어떻게 해야 하는가. 큰 문제가 되었죠. 우리 애들이 의무교육이니까 일본학교에 가죠.

그러면 거기서 일본인 교사들하고 싸우는 등 여러 가지 큰 문제들이 나왔어요. 애들은 여태까지 조선학교에서 우리말을 배우고 있었고 민족교육을 받고 싶어 해서 애들에게 민족교육을 보장해야 하지 않겠느냐는 요구가 나와 오사카에서는 아까 말한 현상호 씨를 비롯한 조련 지도자들이 민족교육 보장과 우리 학생들이 일본학교에 가서 "일본학교를 민주화시키자"라는 그런 목표를 세워 아카마분조[22] 지사하고 협상을 합니다. 거기서 합의한 것이 일본인 학교에 재일동포가 50명 이상 있는 학교에는 '방과 후에 민족학급을 만든다'는 것이었고 양자 사이에서 각서가 맺어집니다.

기본적으로는 한국전쟁 이후에 민족학급이 실행됩니다. 오사카부에서는 민족학급 선생님을 모집해서 시험을 보고 채용을 합니다. 방과 후에 실시되는 민족학급이 문제가 뭐냐면 방과 후의 민족학급이 일본교사들은 아니꼽죠? 선생님들한테 물어보니 큰 강당에 한꺼번에 학생들을 다 모아 수업을 하는데 겨울에도 난로도 없이 그냥 책상을 놓고 수업을 하고, 종이 한 장 교재로 쓰는 것도 눈치를 봐야했다고 합니다. 그러니까 선생님들이 있을 자리가 없었다고 합니다.

그리고 1955년이 총련이 창건 되지 않습니까? 그 이후 1956년에 조선학교가 재건되면서 그 당시 선생님을 하고 있었던 분들도 그

---

[22] 아카마 분조(赤間文三). 오사카부 지사.

렇고, 학생들도 조선학교에 많이 갑니다. 민족학급이 줄어들고. 제
가 말씀드렸듯이 1960~70년대에는 학부모들도 민족학급에 관심이
없어집니다. 어차피 일본에 살 거 같으면 일본공부를 열심히 시켜
야 된다는 학부모들의 인식이 생겨서 방과 후 민족교육을 하는데
열정을 가지지 않게 됩니다. 그래서 고생하시던 선생님들도 그만
두시고 학생들도 흐지부지해서 없어지면서 학급 자체가 폐쇄되
고, 그렇다 보니까 1985년도에는 처음 33개교 있었던 민족학급이
7개교 11명의 민족학급 선생님만 남으셨다고 합니다.

민족학급이 확산되는 것은 1972년도에 7·4남북공동성명 이후에
1974년도부터 니시나리쿠(西成區) 지역에서 민족학급을 만들어 달
라는 요청이 나와 민단하고 총련이 민족강사를 지원하고 민족학
급을 뒷바라지 하는 일본교사들이 계셔서 민족학급이 운영되기 시
작했습니다. 이때 국제 인권학자로 유명하신 김동훈 교수님께서
여기에 강사로 참여하고 계셨는데 그러다가 한국정부가 유신체제
가 되지 않았습니까? 민단에서 압력이 들어와서 못하게 되었는데,
그래도 열심히 하는 일본교사와 자원 봉사로 재일동포 청년들이
강사로 일하면서 애들이 자기 민족에 대해 알게 되고 민족에 대한
긍지를 가지게 되니까 교육적인 면에서 좋은 결과가 나오죠.

여태까지 소외된 학생들이 밝아지고 의욕을 가지게 되니까 교육
적인 측면에서 많은 성과를 거두게 되니 일본인 교사들 안에서 자
이니치교육(在日敎育) 또는 조센진교육(朝鮮人敎育)을 연구하는
사람들이 많아지고, 한편으로는 2세들이 학부모가 됩니다. 1980년
대쯤에는 2세 학부모들이 자기가 배우지 못했던 우리 말이나 민
족문화를 애들한테는 배우도록 해야 된다는 사람들이 늘어나면서
민족교육 운동이 확산됩니다.

Q : 지금 오사카에서는 많이 하죠?

A : 오사카부까지 합치면 일본 공립학교 안에 민족학급이 150개 정도 있답니다.

Q : 일주일에 몇 시간?

A : 한 시간요. 그것도 처음에는 고학년만 하다가 지금은 1학년부터 6학년까지 다 일주일에 한 번씩 방과 후에.

민족학급 운영에 대해

Q : 초창기 때 민족학급을 할 때는 교사를 일본인 교사도 많이 배치를 했잖아요?

A : 민족학급 할 때는 일본인 교사는 교단에 서지 않았습니다. 그리고 제 남편 같은 경우에는 바로 각서로 인해 만들어진 학교의 민족학급 출신입니다. 그런 사람들이 어른이 돼서 민족학교 선생님을 하고, 거기 출신 애들이 강사도 하고 있고. 그렇게 하면서 확산하여 성과들이 보여 지는 거죠. 그러니까 민족문화제도 마지막 부분은 민족학급을 나온 애들이 중심이 되어 실행위원을 했었답니다. 어제 얘기 들어보니까 그렇다고 해요.(5분 휴식)

Q : 첫 번째는 선생님이 생각하시는 일을 계속해서 해오셨는데 민족문화가 뭔가 선생님이 생각하시는 민족문화 자이니치의 것이든 한반도 전체 차원이든 무관하게, 그 얘기를 좀 선생님이 계속 민족문화 얘기하셨거든요?

A : 아마 문화라는 개념이 생활문화도 문화라고 우리는 생각하는 데요. 일단은 일반적으로 일본에서 민족문화라고 얘기할 때는 역시 민족적인 그런 예술적인 그런 부분이 다 들어가지 않습니까? 문학

이라든가 그런 것들도 한국말로 시 쓰는 것도 그렇게 될 겁니다. 제는 사실 일본에서 재일동포들이 생활하는 생활자체가 민족문화라고 생각하거든요.

예를 들어서 제가 쓴 재일동포들의 식문화에 대한 글에도 조금 언급을 한 부분이 있는데, 예를 들어서 계란말이 하나도 재일동포 우리 세대 같은 경우에는 계란말이에 참기름을 쓰는 사람은 '아, 이 사람은 한국 사람이다.' 이렇게 생각하거든요? 그니까 일본국적으로 귀화를 하는 사람도 있고 부모님 한쪽이 한국 사람이지만 일본 국적을 가지는 사람도 있고 여러 가지 있지 않습니까? 그렇지만 일본 이름을 써도 얼굴만 봐서는 한국 사람인지, 일본 사람인지 구별을 못하지 않습니까? 저희들은? 특히 3~4세 정도 되면 더구나 그래요. 그런데 계란말이에 참기름을 쓴다 그러면 '아 얘는 수상하다.' 이렇게 되거든요.

저희들은 그런 식으로 동포인가 아닌가를 분간해요. 보통 일본 사람들은 계란말이에는 식용유를 쓰는데, 재일동포들은 참기름으로, 아마 한국에서는 참기름을 안 쓸 거예요. 한국에서 온 사람에게 물어보니까 '어? 한국에서도 식용유를 쓰는데요?' 이렇게 얘기하더라고요. 근데 재일동포들, 우리 부모님 세대들은 다 참기름으로 했다고요. 그래서 참기름으로 계란말이를 하는 사람들은 일단 우리는 수상하다고 생각하는 몇 가지 코드가 있거든요.

재일코리안의 독특한 문화

Q : 또 어떤 코드가 있는지요.

A : 숟가락입니다. 일본문화 안에서는 젓가락을 많이 쓰니까 숟가락을 많이 쓰지 않지 않습니다. 근데 숟가락을 쓰는 그런 이야기가 나오거나 2~3세들하고 이야기를 하다 보니까 본인이 일본말이라

고 생각해서 쓰는 한국말이 있어요. 제주도 출신자 같은 경우는 상피를 일본 말이라고 생각했었데요. 제주말로 행주를 '상피'라고 하거든요 우리 부모님이 상피, 상피라고 했었어요. 2, 3세들은 그런 말들이 일본말이라고 생각을 했고, 재일동포들이 많이 사는 이 쿠노 같은 경우에는 그런 말들이 수시로 오간대요. 자기들끼리는 그런 거 없으니까. 그런 자그마한 단어가 한국적인 문화가 아니겠습니까? 숟가락을 '스푼'이라고 생각 안했대요. 숟가락이 일본말이라고 생각했는데 지역에서는 통하는데, 일단 이쿠노를 나오면 안 통한대요. 바로 고등학교 들어가면 여러 군데서 학생들이 오니까 그게 아니라는 것을 알게 된대요. 그리고 '호지'[23]라는 말을 써요. 제사를 호지라고 합니다. 제사를 일본말로 하면 호지인데. 일본사람들이 말하는 호지는 일본불교에서는 사람이 돌아가시면 장례식을 하면 49일, 1년이 되면 1주기, 2년째는 3주기, 5주기, 7주기를 하고 기제사를 안 해요. 이러한 불교의 의례를 호지라고 하거든요. 재일동포들은 기제사를 호지라고 부르고 그러니 호지라는 말을 쓰면 우리는 '수상하다.'고 생각하거든요. 일본국적을 취득한 재일동포들도 조상들을 위한 제사는 챙겼답니다.

Q : 또 다른 것은 없는지요?

A : 시루떡이 있어요. 일본학교에 한국 사람이라고 하더라도 일본 국적을 취득하고 있으면 완전히 한국 사람이라는 것들이 안 나오죠. 민족학급 애들을 보면 시루떡 같은 것들을 가지고 학급에 들어가서 강의를 할 때 '이런 거 있어요' 하고 시루떡을 돌려주면 '아! 이거 할머니 집에서 먹었다.' 이렇게 이야기하는 애들이 있대요. 그

---

23) ほうじ(法事).

이야기를 듣고 가정방문을 해서 부모님한테 물어보면 '사실은 그렇습니다'라고 합니다. 그런 것들 등등. 이런 것들이 우리문화가 갖는 힘이죠. 저도 모르게 계속 이어가는 부분이 있어요. 그런 것들을 저희들은 파악하고 참기름으로 계란말이를 하는 것도 민족문화라고 봐야 할 것이에요.

이것은 다른 이야기인데요. 일본사람들 속에서는 문화를 예술적인 부분으로 한정하여 재일동포들에게는 문화가 없다고 하는 사람들이 있습니다. 일부 연구자들은 재일동포들이 총련 쪽은 북한의 문화 예술을 받아들였고, 총련 쪽이 아닌 사람들은 한국문화를 받아 들여 모방한다고 해서 재일동포들에게는 민족문화가 없다고 얘기하는 사람들도 있거든요. 그래서 저는 그게 아니라 재일동포들이 북한에서 행하는 예술을 배워 모방을 해도 거기에는 재일동포들이 몸부림이나 표현이 있을 거예요. 이것이 '재일동포들의 문화'가 아니면 무엇입니까? 저는 이렇게 생각하여 논문을 쓸려고해요. 그래서 계속 조사를 하고 있습니다.

Q : 큰일을 많이 하시네요. 저희도 많이 도와주세요.

A : 예. 제가 할 수 있는 일들은 말씀해주시면 저희가 돕죠. 당연히 후지나가[24] 선생님도 프로젝트 들어갔다면서요? 이번에 저희들이 동회촌(東會村) 마을을 마을조사를 하고 있는데, 그것은 일본하고 제주도 마을 사람들의 이동 네트워크 형성이 어떻게 이루어지고 있는가에 대해 지금 조사 중인데 이 조사 데이터를 후지나가 교수는 사용한다고 그럽디다.

---

24) 후지나가 다케시(藤永莊). 현재 오사카산업대학 교수로 재직 중이다.

제주도 마을 조사

Q : 어느 마을이요?

A : 동회촌이요. 제주시에 있는 마을조사니까 중요하지 않습니까? 지난번에도 그 얘기들 하더라고요. 청암대에서 네트워크 파트를 맡았는데 이 자료를 써도 되냐고 그러더라고요. 우리와 같이 하는 거니까 쓰시라고 저희들이 그렇게 말했어요.

Q : 아 논문 쓰시려고 하는구나. 이번에?

A : 네.

Q : 좋은 논문 쓰시면 일본어로는 여기서 내시고 한국어로는 저희 연구소에서 좀 내줄 수 있게끔 배려해주시면 감사하겠습니다.

A : 좋은 논문 쓰도록 노력하겠습니다.

Q : 이거는 저한테는 아주 중요한, 저희 연구자들한테는 일이라고 생각하는데, 한국에서 이쿠노로 와서 내일부터 임 선생님 팀하고 같이 하신다고 하는데, 그러면 이쿠노를 쉽게 민족문화를 중심으로 어떻게 보면 되는지에 대해서 말씀해 주시지요?

A : 저는 지난번에 학회 때 김인덕 교수님이 그 말을 하셨는데, 제가 그때 답변을 못했거든요. 계속 그게 고민이 되가지고 이번에는 답을 해야 되겠다고 생각을 해서 계속 고민했었습니다. 그래서 제가 생각하기에는 이쿠노는 1세대들에게 있어서는 생활 터이고, 자신들의 풍습이나 생활을 하는 그런 장소고, 2세에 있어서는 가보지 못한 고향을 느끼는, 민족을 느낄 수 있는 장소이고, 그것을 언제나 재확인하고 접할 수 있는, 자기 민족을 느끼고 싶을 때, 느낄 수 있는 곳, 일본사회에서 움츠리고 살다가 활개를 펴고 있는 그

대로 있어도 되는 곳, 자기 자신을 그냥 드러내도 되는 곳이 이쿠
노이고, 3세에게는 민족문화를 배우는 곳이 바로 이쿠노가 아닌가
라고 생각합니다. 그리고 일본사람들에게 있어서는 그게 바로 한
국 문화이고, 옛날에 저희들이 이쿠노 민족문화제를 하고 있을 때
사진을 찍고 있던 일본 사진가가 말하기에는 바로 코리아타운이
다른 나라에 온 느낌을 준대요. '여기가 일본이었나?'라고 생각을
한대요. 바로 그런 공간인 것 같습니다. 그런 공간이 있기 때문에
저희들이 아직까지 민족성을 유지할 수 있고, 민족을 느낄 수 있
고 잊어버렸을 때 다시 가서 숨 쉬고 다시 자기 생활터로 들어가
는, 그런 장인 것 같습니다.

제2의 한인 연구

Q : 고맙습니다. 선생님 너무나 논리 정연하게 정확한 표현으로 구술
   을 할 수 있어서 정말 감사하게 생각합니다. 마지막으로 하실 말
   씀 있으시면 간단하게 마지막 멘트 부탁드립니다.

A : 마지막으로 저희들이 연구자니까 앞으로 재일동포들이나 해외동
   포들을 연구하는 것은 제2의 한인 연구는 아니죠. 그런 것들을 연
   구할 적에 너무나 한국적인 시각만 가지고 접하면 사실은 거기서
   갈팡질팡하면서 나름대로의 노력하는 부분은 안보이고 초점을 한
   국적인 것만으로 가지면 '아 이런 것들이 남아 있었다.' 이런 식의
   연구를 하는 것이 아니라 서로가 힘을 합하여 함께 하는 연구가
   필요하지 않겠습니까? 재일동포하고 한국에 있는 분들하고 일본
   사회를 잘 아시는 일본사람도 있어야겠습니다. 그런 사람들이 공
   동으로 좀 더 깊이 있게 겉모습만 보고 연구하는 게 아니라 좀 더
   깊이 있는 연구를 서로 협력하면서 할 수 있으면 합니다.
   그리고 이것은 맨날 얘기하는 건데 한국 사람들이 갖고 있는 재일

동포에 대한 그런 인식이 아직까지 '우리말도 모르고 우리 민족을 잊어버린 사람들' 이렇게 해서 '어? 이 사람 한국사람 아닌데, 가짜 한국사람.' 이런 식으로 보다가 8·15 그 무렵만 되면 이렇게 '억압받고 착취 받고 차별받는 불쌍한 사람' 이런 식으로 재현하지 말고 조금 더 같은 민족끼리 우리나라 역사 안에서 세계적으로 흩어져 있는 민족으로서 생각할 수 있는, 한국을 중심으로 하되 차이를 인정하면서 다 같이 할 수 있는 그런 연구가 이루어져야 하지 않을까라는 생각을 갖고 있습니다. 서로 그런 점에 있어서는 논의도 하고 그런 것들이 필요하지 않을까라고 생각합니다.

Q : 사실 그게 문화의 기본적인 이념이 아닌가 삶의 상황을 있는 그대로 보아야 그게 문화지 어떤 틀에다가 놓고 보면 이미 문화가 깨진 것이 아닌가 그런 말씀은 저희도 동감하고.

A : 예. 그러니까 문화를 얘기하자면 한국을 중심으로 하면 한국문화도 많이 변하고 있거든요. 여러 문화가 섞여있어서 여러 가지 변화가 엄청 심하다고요. 한국의 제사문화 하나도, 그렇지 않습니까? 그런데 그것을 중심으로 해서 '한국과 다르다' 이렇게 해놓으면 좀 아닌 것 같고 그렇다 해서 '옛날에 있었던 것들이 여기에 남아있다' 선조가 여기에 있는 것 같이 얘기하는 것도 아닌 거 같고, 왜 그러냐 하면 재일동포들이 일본 사회하고 섞이면서 많이 변화되었기 때문에 그 나름대로 그냥 그대로 있는 것은 없습니다. 그런 것들이 중요한 거지. 어떻게 시대에 따라서 변화해 갔는가를 조사를 해야 되는 겁니다.

Q : 한국문화에도 제주도 문화나 경상도 문화가 있듯이 재일동포 사이에서 문화, 특히 오사카를 중심으로 하는 문화와 동경을 중심으

로 하는 문화가 존재하는 것으로 확인하는 거죠.

A : 그렇죠. 그렇게 생각을 정리하면서 서로 연구해 나가면 좋을 것 같아요.

Q : 그러면 이상으로 선생님 구술을 마치도록 하겠습니다.

A : 고맙습니다.

구술을 마치고

박 종 명

조선사 연구의 선구자

- 이름 : 박종명
- 구술일자 : 2012년 4월 6일
- 구술장소 : 오사카 한큐호텔 커피숍
- 구술시간 : 2시간
- 구술면담자 : 동선희/김인덕(인터뷰), 정희선
- 촬영 및 녹음 : 성주현

■ **박종명(朴鐘鳴)**

1928년 전남 송정리에서 출생하여 5세 때 도일했다. 1952년 간사이 (關西) 대학 문학부를 졸업하고 재일동포 교육 및 연구단체 활동에 힘 썼다. 조선고대사연구회에서 활동한 바 있고, 한국고대사 및 한일관계 사 관계 저작을 다수 발간했다. 『懲毖録』(平凡社, 1997) 등을 일본어로 번역했고 고대 한반도 도래 문화의 영향을 탐구한 『京都のなかの朝鮮 : 歩いて知る朝鮮と日本の歴史』(明石書店, 1999), 『奈良のなかの朝鮮 : 歩いて知る朝鮮と日本の歴史』(明石書店, 2000), 『滋賀のなかの朝鮮』(明 石書店, 2003) 등의 저서를 썼다. 또한 『在日朝鮮人 : 歴史·現状·展望』 (明石書店, 1995), 『在日朝鮮人の歴史と文化』(明石書店, 2006)를 통해 재일조선인의 역사와 현실을 본격적으로 조망했다.

간사이가쿠인(關西學院)대학 등에서 강사를 역임하고, 민족도서관 금 수문고(錦繡文庫)의 이사장과 고문을 지냈으며 도래유적연구회(渡來 遺跡研究會) 대표, 오사카시 외국적 주민시책유식자회의 위원 등으로 활동했다.

■ **인터뷰에 관해**

구술작업자 중 한 명은 2002년 박종명 선생을 처음 만나 교토 유적 가운데 한국 문화와 관련이 있는 내용에 대해 설명을 들은 바 있다. 따 라서 인터뷰 때는 박종명 선생이 고대 한일문화에 관해 깊은 식견을 갖고 있고, 재일동포의 역사와 현실에 관해서 활발하게 발언해 온 것 을 알고 있었다. 인터뷰는 과거에 함께 알았던 지인에 관한 얘기부터 시작했다. 인터뷰는 효고현(兵庫縣) 아마가사키(尼崎)의 사업가이자 민 족도서관 금수문고(錦繡文庫) 대표인 윤용길(尹勇吉) 선생을 만난 다 음 날 이루어졌기 때문에 금수문고 고문인 박종명 선생에게도 금수문 고에 관한 질문을 드리게 되었다. 몇 달 후, 박종명 선생과 윤용길 선

생은 금수문고의 모든 자료를 청암대학교에 기증한다는 뜻을 알려왔
고, 결국 2012년 여름 2만여 권의 장서, 서화(書畵), 물품, 비디오 등 귀
중한 자료가 청암대학교 도서관에 전달되었다.

■ 구술 내용

정조묘와의 인연 그리고 조선고대사연구회

Q : 정만우 선생님의 소개로 선생님을 2002년에 몇 차례 뵌 일이 있습
니다. 선생님께서는 정만우 선생님, 정조묘(鄭早苗)[1] 선생님과 어
떤 관계이십니까?

A : 정만우 씨 그분은 규슈 대학 졸업생인데, 규슈 대학을 졸업하고
오사카에 와서 대학원에 있을 때 만났거든. 거기는 물리학이고 나
는 역사지만 재일교포로 학문을 지향했는데, 그때는 재일교포들
이 살기가 참 어려운 시기거든, 그때 알게 되었기 때문에 상부상
조랄까, 없으면 서로 돕고 있으면 있는 대로 나누고. 정만우 씨가
벌이가 조금 어렵다면 나는 나대로 형편이 좀 좋으면 도와주고.
지금까지 그렇게 살아왔고.

조묘는 정만우 선생의 질녀지. 그때 고베 대학의 학생이었거든.
학생일 적에 그때 난 우리나라 고대사를 연구하고 있던 시기였어.
조묘는 고베 대학에서 우리나라의 중세사를 연구하려 했는데, '고
려 시기부터 시작할까' 그런 생각이 있었고 논문도 벌써 꽤 쓴 상
태였지만, (내가) '고대사를 해야 한다.'고 해서 결국 '대학 졸업하
고 고대사를 하겠습니다.' 해가지고…

오사카 공업대학에 이노우에 히데오(井上秀雄)[2]라고 신라사를 아

---

[1] 1944~2010. 오사카에서 태어난 역사학자로 재일코리안 2세이다. 고베대학 문학부
를 졸업하고 오사카시립대 대학원에서 공부했다. 오타니대학 교수를 지내고 고
대조선사, 한일관계사를 전공했다. 오사카부외국인유식자회의 위원, 교토여성협
회 이사, 도요나카(豊中)국제교류협회 이사, 아시아태평양인권정보센터 평의원,
NPO법인 재일코리안고령자지원센터 산보람 이사장, 사단법인 오사카국제이해교
육연구센터 이사장을 역임했다. 『韓国の歴史と安東権氏』(新幹社, 2005) 등의 저
서가 있다.

[2] 1924~2008. 한국, 일본고대사를 전공한 역사학자로 1950년 교토대를 졸업하고,

주 깊이 연구하는 선생님이 계셨어. 나는 그 선생님을 10년 전에 알게 되었지. 오사카 공업대학에서 교편을 잡으셨는데, 그 대학이 내 집하고 걸어서 십분 거리에 있었어. 선생님은 그때 조교수로 계셨지. 그래 알게 되가지고 조선고대사연구회를 오사카 공업대학 연구실에 만들었지. 그것이 학생들이 막 떠들어댄 시기, 소동이 일어나고 있었을 때…

Q : 1960년대 말입니까?

A : 아니 그렇게 시끄럽기 전이니까 60년대 전반이다. 이노우에 선생과 일본의 대학원생들이 몇몇이 거기 참가했지.

그때 교토대학(京都大學) 대학원생이었던 청년, 지금 시가대학(滋賀大學)에 명예교수로 있는 다나카 도시아키(田中俊明)[3]라고, 일본 고대사, 조선고대사 연구하는 그런 사람도 연구회에 참가하고. 조묘도 거기에 참가해서 같이 했지.

조묘가 오사카 시립대학 박사과정에 재입학했거든. 그래서 오사카공업대학의 조선고대사연구회에 참가해서, 나는 사무국을 담당해서 여러 가지 처리를 하고… 그런데 선생이 십 년 후 오사카공업대학 교수가 되고 그 후 좀 있다가 미야기현 도호쿠(東北) 대학교 교수로 초대되어 가게 되어 버렸어. 그래서 연구회는 해산. 조묘는 그러니까 60년대 중반 그 무렵부터 죽을 때까지 가깝게 지냈지.

1963년 오사카 공업대 조교수를 거쳐 1973년에는 동대 교수가 되었다. 1975년 도호쿠대 교수가 되어 1988년 퇴임하고 명예교수가 되었다. 『任那日本府と倭』(東出版, 1973), 『新羅史基礎硏究』(東出版, 1974) 등 고대사에 관한 많은 저서를 냈다.

[3] 다나카 도시아키는 한국고대사 및 고대한일관계사를 전공한 역사학자로, 교토대 대학원을 졸업하고 시가현립대 교수를 지냈다.

Q : 정조묘 선생님의 자녀들은 민족문화에 관심을 갖고 공연활동도 하는 것으로 알고 있습니다. 아들은 장구를 치고, 딸은 무용도 잘 하고 아주 예쁘지요.

A : 조묘가 고생해서 키웠지. 일본에서는 비상근 강사라고 하잖아. 전임 교원이 아니어서 어느 대학에서 무슨 과목을 몇 시간, 한 대학교로는 생활을 못 하지. 그러니까 다섯 학교 여섯 학교, 시간을 막 쪼개서 쫓아다녀야 돼. 고생이 이만저만 아니야. 그래서 조묘가 키웠는데 딸도 예쁘고 아들도 잘났고.

조묘와 만나서 내가 운 것이 두 번 있었어. 한 번은 조묘가 무슨 호텔에서 선생님을 꼭 만나서 의논하고 싶습니다고. 그때 남편이 나가버렸다는 이야기를 들었거든. 그러면서 하도 기막혀서 막 울더라고. '울면 안 된다'고 했지만, 감정이 북돋아 오르고 나도 눈물이 났다.. 그것이 한 번이고, 또 한 번은 20년 가까이 그렇게 고생고생 일을 하다가 오타니(大谷)대학에 조교수로 채용이 되었을 때. 그때는 나는 긴키(近畿)대학의 강사였어. 강사 대기실에서 커피를 마시고 있으니까 조묘가 와서 웃음꽃이 만발인 얼굴로, '선생님 좋은 소식이 있습니다.' '뭣이냐?' '오타니대학에 조교수로 채용 됐습니다.' 그때 내가 눈물이 파바박 떨어졌거든. 아이고 이래서 조묘가 많이 고생고생을 겪었지만 그걸 벗어나겠구나. 얼마나 고생 많이 했나. 그래서 두 번 울었어, 내가. 그때는 조묘가 '선생님 우시면 안 됩니다. 안 됩니다'고

교사를 하다가 고대사를 연구한 계기

Q : 선생님이 고대사를 연구하게 된 계기에 대해서 말씀해주시겠어요?

A : 계기? 그것은 연구자가 되자 하고 연구를 한 것이 아니라 원래 내

전공이 철학이거든. 그런데 오사카시가 세운 오사카 시립 니시이마자토(西今里) 중학교라고 있어.

오사카시가 어떻게 그 학교를 짓게 됐는가 하면은 4 · 24 교육투쟁4)이 있었어. 그때 학교를 다 폐쇄해버렸거든. 지역 동포들이 고생고생 해가지고 오사카시에 민족학교를 다시 복구하라 하고, 막 강경하게 교섭을 해가지고 거기다 개교를 하게 한 것이 니시이마자토 중학교야. 우리학교 폐쇄 후 오사카 지역 동포들의 유일한 학교지. 그러니까 긴키 지방에서 소학교 졸업하고 민족으로 키우자 해서 부모들이 보내는 바람에 학생들이 집중됐고. 난 그 학교의 교원이 됐어.

Q : 그게 언제입니까?

A : 학교가 설립된 것은 벌써 전이지만, 내가 거기에 부임한 것은 1956년. 근데 학생들 가르치고 그러는데 수학여행, 졸업여행을 간다 하면 다들 일본의 명소나 이름 난 곳이다, 그런 데 가고 싶어하거든. 그런데 여기저기 문화적으로 조선과 관계가 깊은 곳을 배운 기억이 조금 있었거든. 과연 우리들이 졸업여행 간다 하는데 일본에 관계되는 그런 데만 돌아서는 어쩔까. 우리나라에 관련이 있는 유적이 있다면 거길 돌아야 한다. 그래 나도 연구를 해 봤고. 그러니까 연구하려고 해서 연구한 게 아니라 실천적 목적을 가지고 연구를 한 거지. 학생들을 위해서 민족적인 것을 찾자고.

또 그때는 한국에 마음대로 갈 수 있던 시기가 아니었거든. 한국

---

4) 4 · 24 한신교육투쟁(阪神教育鬪爭)이라고도 한다. 오사카, 효고 지역의 재일코리안들이 1948년 4월 민족학교의 폐쇄에 항거하여 벌인 대대적인 투쟁을 말한다. 해방 후 재일코리안들은 우리 말과 역사, 문화를 가르치기 위해 수많은 민족학교, 강습소를 세웠으나 점령군사령부인 GHQ와 일본 정부의 탄압을 받았다.

적 사람은 민단이 심사를 하고 한국에 갔다 왔었어. 조선 국적이
다 하면 일본에서 나가지도 못했거든.

Q : 조선 국적자는 특히 그렇겠네요.
A : 그래. 그러니까 가령 졸업여행이라도 한국에 못 가거든. 그건 보
통 일이 아니야. 그러니까 내가 생각한 것은 일본에 우리나라와
관계가 깊은, 우리나라 영향을 많이 받은 그런 유적이 있으면 거
기를 도는 것이 좋겠다. 그렇게 조사해 보니 아이고 얼마나 갈 데
가 많은가.

도일(渡日)에서 청년 시절까지
Q : 선생님 출생지는 어디이고, 일본에는 언제 오셨어요?
A : 출생은 1928년. 호적상은 31년. 불편한 시골에 살았기 때문에. 지

구술하는 박종명 선생

금은 전라남도 광주시지만 그때는 송정리에서 떨어진 광산군 하남면에서 태어났지. 집에서 면 관청까지 가는 것은 힘겹거든. 한 20리나 걸어야 하거든. 그러니까 3년 늦어버렸어(웃음). 형님은 큰아들이다 해가지고 그래도 1년 늦고, 난 둘째라 3년이나 늦어버리고.

일본에 건너온 것이 다섯 살인가 돼. 아버님이 독립운동을 하시다가 고향에 계시지 못하게 되가지고, 중국에 들어가고 그러다가 일본에 들어오셨어. 그리고 일본에서 고생고생해서 어찌어찌 괜찮게 되가지고, 이제 여기 산다 해서. 어머니, 형님하고 나하고 셋이 왔지.

그러니까 해방 맞이한 것은 내가 구제 중학교를 졸업하고 1년 후지. 지금은 중학교 3학년을 마치지만, 그 시기는 5년제거든.

그러니까 일본에서 오래 살았지. 70 몇 년 전에 와서, 아니 80년 가깝지. 산 것이.

Q : 혹시 사신 곳이 어디입니까?

A : 해방 전부터 후까지 오사카 아사히구(旭區) 아카가와(赤川).
소학교는 아사히구에 있는 시로키타(城北), 그때는 초등학교라고 했지. 6학년에 여섯 학급이나 있었어. 한 학급에 50명 정도 있었고. 그러니까 6학년이 300명인데 공부를 잘 했거든. 시험을 보면 5위, 6위 이하로 간 바가 없었다. 6학년 1조였는데 1조에는 조선 아이가 열 명 정도…

Q : 아사히구에 조선 사람이 많았습니까?

A : 전라도 사람은 니시나리구(西成區)에 집중해 살아서 아사히에는 그리 많지 않았지. 제주 사람은 이쿠노구(生野區)에 많이 살고.

Q : 그런데 선생님의 말씀을 들으면 다섯 살 때 일본에 가신 분 같지 않은데요.

A : 그래도 집안에서는 우리말로 생활을 하였어. 밖에 나가면 일본말이지만. 그러니까 인사 정도는 기억에 남지. 집에서는 누가 오시면 '오십시오.' 돌아가실 때는 '안녕히 돌아가십시오.' '진지 드십시오.' 이런 정도는 뭐. 그러나 복잡한 사고, 내용을 표현하자면 우리말이 부족했지.

우리말은 우리 학교 교원이 되가지고. 중학교 교원이 되기 전에 청년운동을 하고 있을 무렵에… 해방 후에 청년운동을 많이 했지. 그래 지역 책임자가 됐지.

조련 시기. 그때는 민청이라 했지. 재일본조선민주청년동맹(민청). 지부 위원장이 됐지. 그런데 우리말은 아까 말한 정도였지요. 어떤 때 춘추 많으신 분이 '민족운동을 한다는 청년이 우리말도 잘 못하고 무슨 민족운동이냐?' 이러셨거든. 그래 충격을 받아가지고 '과연 말씀이 맞습니다.' 그리고는 민청 지부 위원장을 그만 두었지.

그리고 아버님 친구 되시는 분이 조련의 소학교 교장을 하고 계셨거든, 고베에서. 거기 가서 억지 부탁을 했지마는 우리말도 못하는 사람이 어떻게 학생을 가르치겠어 라고. 그거를 매일매일 사정을 했거든. 교장 선생님한테, 그분이 이수근 선생님인데… 그야 아들이 우리말이 능숙하게 되는 것이 아버님도 바람직하게 생각하셨지. 그래 부탁을 좀 해주시고.

열 번짼가 열 두 번짼가 가 가지고 채용을 해 줘서 4학년을 맡았어. 4학년을 맡았지만 우리말이 변변치 못해서 또 하나 담임이 들어갔어. 이 사람은 우리말이 능숙해. 그러니까 나는 가르친다기보다 학생들한테 배웠지.

연구 활동에 관해

Q : 이노우에 히데오 선생님과 고대사 연구 활동을 같이 하셨는데, 그 분에 대해서는 어떻게 생각하십니까?

A : 이노우에 히데오 선생의 연구 내용은 학문 연구로서는 참 모범이 되는 연구방법론이라 생각돼. 치밀하고… 이노우에 선생은 문헌을 가지고 조금 신경질적이 아닐까 하는 정도로 문헌을 보거든. 이노우에 선생이 쓴 저작들, 슬쩍 보면 안 돼. 예를 든다면 눈 똑똑히 열고 정확히 읽으면 임나일본부라는 것은 존재 안 했다. 백 걸음 양보해 가지고 있었다 하면 북규슈에 있거나, 억지로 말해도 지금 경상남도 김해, 그 지역이 가야 사람들이 일본과의 관계, 외교 관계를 가지는 그런 존재로 임나일본부라고 있었다면 있었다. 그러니까 임나일본부가 있었다고는 한 마디도 안 했어.

Q : 김달수 선생님도 일본 내의 문화 유적에 대해서 많이 책을 쓰셨는데 선생님과 혹시 관계가 있으신가요?

A : 김달수 선생하고는 논쟁을 많이 했지(웃음). 난 김달수 선생을 존경하고 있어. 작가로서도 많은 작품, 소설들을 남겼고. '일본 속의 조선 문화' 시리즈로 12권까지나 냈고.

그러니까 그분이 일본의 문화는 우리나라 고대 문화의 영향을 많이 받아가지고 개화, 발전 됐다 하는 것을 책에서 소개했단 말이야. 일본에 우리나라의 고대 문화가 꽃피고 있었다는 것이 많이 알려지게 되었지. 그러니까 아까 말한 그런 것으로 김달수 씨하고는 여러 가지 모임 때 만나고 이야기 나눴는데.

그래서 '일본 속의 조선 문화'를 내기 시작해가지고 네 권 짼가 다섯 권 짼가 되었을 때 비판을 했지. 작가는 자기의 열정과 훌륭한 능력으로 일반 우리 동포들과 일본 사람들에게 많은 영향을 주고,

학자는 치밀한 논리를 가지고 증명을 하고 발언을 해서 많은 사람들에게 영향을 준다.

김달수 선생은 작가다. 작가는 역사적 사실에 대해서 이렇게 표현할 수 있습니다. 일본 사람에게 아주 알려져 있는 건데, 도요토미 히데요시는 첩 중에서 요도기미를 제일 좋아했다고. 역사가는 그에 대해서 쓸 적에 '가장 사랑스럽게 여기고 있었다.' 이 정도 밖에 더 이상은 말을 못해. 작가는 이렇게도 표현할 수 있지. 풍신수길(豊臣秀吉)이 요도기미가 하도 보고 싶어서 전쟁터에 가서도 이 부자리에서 '니가 없어서 내가 얼마나 섭섭한가.' 이리 말하고 저리 말하고, 전쟁터에까지 불러들였다, 작가는 그렇게 써도 괜찮다고. 역사가는 그런 사료가 없으면 그렇게는 쓰지 못한다고.

'역사가와 같은 얼굴을 하고 역사를 쓸 것이 아니라 작가로서 쓰셔야 한다.'고 그랬지. 그랬더니 '내가 언제 학자 얼굴을 해가지고 그렇게 썼느냐?' 그래서 '작가로서는 조그마한 사실을 이리저리 보태가지고 이렇게도 저렇게도 표현할 수 있지만, 이것이 역사적 사실이라는 식으로 하면 틀린 거다.'

그러나 공적은 이만저만이 아니야. 그러니까 그것을 더 빛내자면 역시 역사가 얼굴로 할 일을 할 것이 아니라 작가로서 해야지.

Q : 근데 선생님께서는 고대 문화뿐만 아니라 재일동포의 근현대사에 대해서 책을 쓰셨는데요.

A : 근현대사에 대해서는 그렇게 능력도 없고 자격도 없는 건가라고 하니까. 기본적으로는 발언하지 않지만, 우리나라 역사학계가 도달한 수준에 따라서 말하는 거지.

그래서 우리나라 식민지 통치에 대해 역사학계가 수준 높게 연구한 그 내용에 대해서는 나야 소개할 뿐. 그러나 고대사에서는 내

구술하는 장면

가 전문 분야다보니 그런 책을 내고.

Q : 꼭 역사만이 아니라 다른 것도 하시지 않았습니까? 재일 동포의
   전반적인 권익이라던가 이런 것들, 또 통일의 방향이라든가 이런
   데 대한 선생님의 생각이 많으신데 그것을 책에 다 쓰셨는지요?
   아니면 아직 다 못 쓰신 것도 있습니까?

A : 책으로는 조금 쓸 게 있다 하면은 재일 동포들 현황에 대해서, 나
   라의 통일에 대해서 조금 발언하고 글을 쓴다 하는 정도. 여러 가
   지 의견은 있다고 생각하지만은 개인적인 생각으로서 나는 민족
   으로 살고 싶다. 내가 미국에 살거나 중국에 살거나 러시아에서
   살거나 지금 일본에서 살지만 민족으로 살고 싶다. 왜 그렇게 생
   각 하느냐 하면 해방 전에 우리들이야 민족이 아니었거든. 노예였
   지. 민족이란 없었지. 형식으로는 대일본제국 신민이다. 진짜는 일

본 사람 아래에 있는 노예들이지. 천황 폐하께서 적자, 아들이다 해주고. 그것만 해도 고맙게 생각해야 된다고. 말하는 대로 살아야 하는 그런 존재였거든.

그러니까 민족으로 사는 일이 당연한 일이고. 민족으로 살아야 되겠다. 응당 민족으로 살기 위해서는 우리말, 과학적인 말, 우리 글로 문장이나 쓸 수 있게…. 민족으로 살아야 된다, 민족을 회복시켜야 되겠다. 우리말, 우리 문화도 알아야 되겠다. 자기만 민족으로 살면 괜찮다가 아니라 나도 민족으로 살자, 자네도 같이 민족으로 살자. 민족으로서는 그런 마음 조금이라도 가진 사람들 뭉치자. 청년이면 청년들이 뭉치자. 뭉쳐서 우리 민족 회복시키는데 전진하자 그런 정열이었지요.

부친에 대한 기억

Q : 아버님에 대해서 조금 더 말씀해 주실 수 있습니까? 해방 전에 독립운동을 국내에서 하시고 해방 후에는 무엇을 하셨나요?

A : 국내에서 독립운동을 하시다가 주된 분들은 잡혀가지고 고생을 하시고.

　일본 와서 내가 소학교 고급 학년이었던 무렵에 집에 1년에 한두 번 찾아오시는 분이 계셨거든. 그분들이 아버님하고 같이 독립운동을 했던 그런 분들. 아버님이 건강하게 계실 적에 좀 더 상세하게 알아 봤으면 좋았는데…. 아버님은 조련 민전, 총련을 이어서 쭉 일을 하셨지.

Q : 아버님은 언제 돌아가셨습니까? 일본에서 돌아가셨죠?

A : 2년 3년, 신장병을 앓으셔가지고 그래도 지역 단체장으로 일을 하시다가 1966년에 별세하였구만.

단체 활동에 관해

Q : 선생님의 조직 활동에 관해 여쭤 봐도 되겠습니까?

A : 해방 직후에는 지역의 청년단체 위원장을 했지. 조련 시기에 민청이라는 청년 조직도 있었고. 1950년 소위 조선전쟁이 일어났지. 조련이 해산 당하고 1953년인가에 조련의 계속으로 재일조선조국통일민주전선, 약칭 민전이라고. 그 산하 청년 단체로서 재일조선민주애국청년동맹(민애청)이 결성되었어.

그래서 1955년에 지금 총련으로 개편되었지. 그 2년 전에 아까 말했듯이 청년들한테 이야기하고 있으니까 '우리말도 모르고 민족운동 하느냐?' 하는 비판에 충격을 받아 학교 교원으로 갔다고 했잖아. 그 학교는 고베(神戶)시에 있었다. 그래, 총련 조직에서 원래 박종명이 오사카 사람이니까 오사카에 돌려주라는 요청이 있어서 오사카에 돌아와. 아까 말한 니시이마자토 중학교, 오사카시가 세운 중학교에 들어갔지. 거기서 말한 바와 같이 우리 동포 학생들인데 일본 역사에 이어지는 명승지 그런 데에 졸업여행을 하니, 이래서 되겠는가고. 우리나라 관계의 유적들을 조사대상으로 삼아 돌아다녔지. 그래서 역사를 가르치고.

1960년대 들어가지고 여러 가지 있었어요. 그때 그 중학교에 교장 다음에 교감인데, 일본에서는 교두(敎頭), 거기에 교두가 되었어. 내가 30대였지. 오사카시가 세운 학교이니 우리 교원이 반, 일본 교원이 반이어서 생각이나 입장이 차이가 많았지. 그러니까 교두는 그런 걸 조절해야 되거든.

그 학교에 십년 있었는데 병 들어가지고. 그래서 휴직을 해서 입원하고. 한 2년쯤. 교원은 이제는 못하겠구나. 아침 아홉 시에 나가서 저녁 다섯 시까지 근무하고 그렇게는 못하고, 그래서 이제는 할 수 없으니까 다른 일을 찾아 남은 인생 살아야 되겠다고.

그래서 이노우에 선생하고 연구회를 내었지만 수입이 없어서 고생했잖아, 그러다가 한 3년 지내다 보니 우리 동포 사회에서도 일본 사람한테도 아, 박종명이란 연구자가 있구나. 이런 책을 냈구나. 그래서 이런 부탁 저런 부탁, 좌담회, 강연회 등 여기저기 출연 부탁을 받게 되었지요. 또한 이런 책을 내자 하는데 내용을 봐주세요 등 그런 일이 생기게 되어 가지고.

그때 일본 대학들에서 이런 이런 강의를 맡아주겠습니까, 이런 부탁이 넘어온 거야. 제일 오래 한 것은 간사이가쿠인(關西學院) 대학. 거기서 30년 간 강의를 했지. 내용은 조일관계사.

Q : 조선 국적으로 알고 있습니다만, 총련에서는 나오셨지요?

A : 총련은 졸업했을까 생각을 해. 난 이런 생각입니다. 내 국적이 조선 국적인데 조선 국적이라는 것은 곧 북을 지지한다는 뜻으로 조선 국적은 아니다. 난 태어났을 때부터 조선인이고. 해방 해도 조선인이고. 민단, 총련, 조련 있을 적에도 조선인이고. 지금도 조선인이고. 그러니까 조선인은 북을 지지하는 뜻에서 조선인이 아니라 자기 자신이 살아온 내용 자체가 조선인이다.

조선에서 자랐고 외국에 가더라도 조선인데. 그런데 총련을 왜 졸업했을까 말 하면은 김병식 때문이라고 할 수 있죠. 한마디로 말하면 재일교포 단체에서 자기가 무슨 부의장이라 하고 독재를 하고, 자기 말 안 듣는 사람은 억압하고, 협박하고, 자살로 몰아넣고. 그런 사람이 있었거든요. 일본에서 북의 공화국에 가버렸지만.

그것을 허용한 단체는 무슨 단체인가. 그래 난 그렇게 용기를 가진 사람은 아니지만, 소속하고 있는 단체, 그 때는 재일조선과학자협회라 했는데…

도무지 그 독재를 허용한 우리들은 무슨 존재인가. 당신은 무엇이고 나는 무엇인지. 이 단체의 장으로 있는 회장은 어떤 생각인지. 그런 것도 서로 잘 반성하고 밝히고 안 하면 똑같은 사람이 나오면 또 똑같이 우르러 모시고 독재를 시킬 것이 아닐까, 저 놈 나쁜 놈이다 함과 동시에 우리도 돌이켜 볼 것이 있지 않는가.

그런 말을 했다 해서 미움을 받았지(웃음). 일반 회원들은 아이고 박종명 선생님 시원하게 말씀해 주셨다고 생각했을까 모르겠지만 역직(役職)에 있는 사람들은 박종명이 어찌 그런 말을 하느냐고, 반성을 하고 있다면 그 자리에 있기가 어렵거든. 그대로 주저앉아 있자면 입 다물고 있어야지.

그래, 정기총회가 있었거든. 회장이 있고, 부회장이 둘인가 셋이 있고, 그래 총무부장이랑 부장이 있고. 그 즈음에 나는 고문이라고. 한 번도, 회의 한 번도 안 나오는 부회장이었거든. 다들 몇 번은 회의에 나오는 데. 그래, 새로 회장이 된다 하는 사람한테도 말

금수문고에서의 박종명 선생

했다. '당신이 회장이 된다는 것을 나는 찬성하겠지만, 1년 동안 한 번도 회의에 참가 안 하는 부회장이 있다. 그 사람을 또 부회장 재임을 하게 하면 안 됩니다.' 그러니까 '그렇게는 절대로 안 하겠다.' 단체라는 것은 같은 목적을 갖고 모이는 것이기 때문에 그 목적을 달성하기 위해서 노력을 해야 한다. 특히 역직에 있는 사람은 선두에 서서 일을 해야 한다. 그런데 1년 열 두 달 한 번도 안 나오는 부회장을 그저 연속해서 놓아둔다면, 이것은 회원들에게 우리 단체는 해도 좋고, 안 해도 좋고, 나가도 좋고, 안 나가도 좋고, 약속을 해도 지켜도 좋고, 지키지 않아도 좋고, 그런 것을 보여주는 것 밖에 안 되니까, 그런 부회장 다시 재임하면 난 그만 두겠다.' 그런데 재임을 했거든. 그래서 그 단체에서 벗어나와 버렸지. 이거도 그 단체 탈퇴 이유의 하나.

금수문고에 관해

Q : 저, 어제 윤용길(尹勇吉) 선생님을 만났습니다. 금수문고를 구경시켜 주셨는데 책들도 보았구요. 그리고 이제, 인터뷰를 나누는데 아직 건강 때문에 말씀을 자유롭게 하지는 못 하셨어요. 그런데 금수문고를 한 30년 하셨죠? 그 30년씩이나 해 오신 그 의지와, 그리고 본인이 한 6개월 동안 앞으로 재활을 열심히 하시겠다는 그런 것들을 말씀 하셨어요. 박종명 선생님은 고문으로 계시구요. 금수문고에 대해서 객관적으로 좀 설명을 해 주실 수 있을까요?

A : 금수문고를 어떻게 설립하고자 생각하기 10년 전에, 한석희(韓晳曦)라는 분이 계셔가지고 청구문고라는 도서관을 개설하셨지. 이 분 참 아쉽게도 별세하셨지만. 그래서 거기에 우리나라에 관계되는 도서만을 수집했고, 그것도 근대사 현대사를 중심으로 2만 권쯤 수집했어요.

그래서 현대, 근대사는 갖춰졌는데, 고대 중세가 없다. 도서관을 어떻게 고대, 중세를 집중적으로 하나 설립, 개설할 수 있으면 하는 생각을 가지고 있었거든. 그래 여기저기 얘기를 해봐도 도서관이라는 것은 이만저만 아니게 돈이 들고, 그리고 책을 수집하려면 실무 일이 잡다하게 많고… 그러니까 그것을 봉사적으로 그걸 하는 사람이 있어야 된다.

윤용길, 그분을 알게 된 것은 그 사람이 북을 방문해가지고 여러 가지 인상을 이야기하는 조그마한 모임이 있었어. 어째서 나를 초대했는지 모르지만은 초대를 받아가지고, '아는 사람 거의 없는데 왜 나를 초대하냐고 하니까 '고베에서 백 몇 십 명 모인 강연회 때 선생님이 오셔가지고 강연을 하셔서 그 때 알았기 때문에, 그래서 초대를 했습니다고.' 그래서 알게 된 거지.

그래, 한 두 달 있다가 연락 있어가지고, '만납시다.' 해서 호텔에서 만나기로 했고, 고베항에 있는 바닷가 저 멀리 보이는 데서 만났는데, 이야기하는 게, '도서관을 하나 만들어보자고 생각하고 있는데, 선생님, 그 지혜가 없겠습니까?'

'아, 그건 나 십몇 년 전부터 여러 가지 구상을 하는데 시절이 안 되고 지금에 이르렀는데 아주 좋은 일이다. 그런데 시작을 하려면 책 한 권도 없는 것이니, 책을 사들여야 하는데. 윤용길 씨가 책을 사는데 얼마쯤 지출을 할 수 있겠는지. 그 다음에 책을 일정한 예산으로 사고, 산 책을 보관할 수 있는 방이 필요하다. 그 방을 준비할 수 있겠는지. 세 번째로는 책을 사자면 여러 가지 사무적으로 찾아 다녀야 되는데. 이 일을 누군가 맡아야 한다. 아르바이트도 고용해가지고 시킬 수 있는지.'

그러니까 '책은 달달에 5만 엔 쓰면 어떻게 도서관을 낼 수 있겠습니까?' 방은 그 지금의 빌딩에 있었는데, 그때는 없어가지고 짓고 있었거든. 완성이 되면 거기에 방을 내서 하자.

그래, 이사회를 만들자. 젊은이들 이사로 세 명, 네 명 정도 두고, 나는 이사장을 하고 윤용길 당신은 돈 내는 사람이니까 대표, 이렇게 하자. '도서관이 생기면 선생님, 그러면 이사장 방을 하나 드리겠습니다.' 그래, 좋지(웃음). 거짓말 만들지 않았다.

윤용길 참 재주가 있어. 지혜가 있고 에너지가 넘치고. 자기 1대에 일을 잘 해가지고, '10만 엔, 20만 엔, 30만 엔 내는 건 문제없는데요.' 이렇게 자랑하던 사람이다. 본인은 그런 이야기들 다 잊어버리고 있지. 그런 시기에 '선생님, 도서관 맡아주신다면 도서관을 꾸리겠습니다.' 그래서 시작을 했거든.

도서들 신간 책 사면 비싸거든. 묵은 책 사려면 책방 돌아다녀야 되거든. 그 담에, '고서통신(古書通信)' 이런 것이 나와 있어. 그런 걸 달달에 받아 봐가지고 체크해가지고 주문해야 되거든. 일람표 만들어가지고. 그런데 마지막에 이사들이 봐 줘야 되거든.

다 자원봉사자다 보니까 젊은이들도 불쌍하잖아. 책값으로는 오만 엔을 꼭꼭 대주는데. 그렇게 해서 책을 수집하고 수집하고. 그래서 도서는 정리를 해가지고 누가 와서 이 색인을 보면 무슨 책이 있고. 그것이 다들 정리가 되가지고. 라벨이 붙어가지고, 역사는 어디, 문학은 어디, 이렇게 분류되어 있어요. 그래서 도서 전문가—일본에선 사서(司書)라고 해. 사서 자격을 가진 여성을 하나 받아들여가지고.

그래서 2만 권쯤 모여졌거든. 이제 금수문고 개관 모임을 하자 해서, 그때는 나, 나고야에서 강연이 있었소, 근데 거기는 두시에 마쳐가지고 돌아가야 개관 시간에 어찌어찌…. 그런데 나고야에서, 나 앞에 이야기한 영감이 막 30분할 것을 50분이나 이야기를 해버려(웃음). 그래가지고 사회(司會)를 한 젊은이가 선생님 미안합니

금수문고의 내부 모습

다, 선생님 시간 20분밖에 없습니다. 내가 20분으로 무슨 이야기를 할 수 있겠어. 그리고 또, 준비한 이야기까지 다 하자면 개관식에 참가하지 못하고. 그래가지고 그렇다면 '또 한 번 이 모임을 하라. 내가 도저히 그 시간까지 있지 못해.' 그래서 그 강연회는 또 한 달 후에 하기로 했습니다.'

그렇게 개관이 되었으니 더 책을 사야지. 도서관이라는 것은 이만 권이 있으면 계절이 지나면 이만 이천 권, 이만 오천 권 이리 돼야 도서관이고, 이만 권을 그대로 한다면 묵은 것을 빼가지고 새 것을 보충해서 그래서 2만 권이어야 도서관이다. 1년이 지나도 2년이 지나도 1년 전의 그것만, 2년 전의 그것만, 그건 안 된다. '더 삽시다.' 그랬지.

그런데 10년 동안 2만 권 넘을 때까지 쭉 계속해서 젊은이가 도중에 하나씩 빠져버렸는데, '싱거워서 같이 할 생각이 안 납니다'고.

윤용길 씨 부인이 회계 담당 이사를 하고. 그러다가 젊은이들 다 그만 두고 나만 남았거든.

그래가지고 버블 경제가 끝나고 여러 가지로 어려워졌지. '나는 이것만은 말할 수 있는데, 5층에는 금수문고라는 곳이 있다. 그건 개인의 재산이 아니다. 일본도서관협회에도 공인된 도서관이다. 효고현립도서관협회에도 가입된 도서관이다. 그러니까 함부로 도서관에 대해서는 손을 대면 문제시하겠다.'

그러다가 은행에서 아마가사키 시하고도 긴밀한 관계를 가지고, 한때는 컴퓨터 선을 이어가지고 도서관을 확대시킨, 아마가사키 시립 도서관의 분관으로 하자는 얘기도 있었지. 이쪽에서는 '독립된 금수문고로서 운영하면 되도, 분관이라 하면 안 된다.' 그러고. 은행하고 시에서 여러 얘기가 있었지만 그냥 두는 것으로 안착이 되었지.

그 빌딩이 교통상 중심부에서 떨어져 있어서 그렇게 편리하지 않고, 그러니까 역에 가깝다 하면 꽉 찰 거지만… 그리고 동포 빌딩이다 하는 것도 감출라 해도 감출 수 없는 일이기 때문에 다 알지. 그 버블 터져가지고 어쩔 수 없게 되었을 적에 도서관은 남아서 가만히 있어도 문화의 가치를 빛내주는 게 있지. 이 빌딩 소유자는 윤용길이라는 사람이 대표고 도서관을 두고 있고 문화 쪽으로는 많은 기여를 하고 있다는 것을 알게 되니까. 힘들어도 문 닫으면 안 되잖아.

Q : 윤용길 선생님이 건강이 안 좋아지셔서요.

A : 그래서 그때, 여러 가지 어려운데 몸이 불편해 가지고 병앓이를 했지. 그때가 작년 말인데, 도서관을 계속할지 고민이 많아졌지. 나중에 말소리, 시끄러운 소리 듣지 않도록, 우선 일본도서관협회

회원으로 우리가 있다 보니 거기에 우리 도서관 사정을 알리고, 효고도서관협회도 그렇고, 아마가사키 시는 그렇게 다정하게 해 준 인연이 있기 때문에 거기도 조금 말을 해야 하지 않겠나 했지. 나는 오사카에 사는 사람이 좋지만 윤용길 씨는 아마가사키에 살고, 아마가사키에서 이름이 난 사람이기 때문에 그런 것은 해 놔야 별 말 안 듣고 잘 처리할 수 있지.

그때 병 치료를 조심스레 하고 있다는 소식을 듣고 있었던 차에 4월 3일 윤용길 씨 부인의 전화가 있었어요. 잡다한 이야기를 질질 해 놓은 끝에 "남편이 3월 7일에 세상을 떠났다"고 한다. 아이고 무정한 여성, 별세한 한 달 후에야 알려오는구나. 전화로. 윤용길 씨와 친한 사람들 여기저기에 물어보았더니, 아무도 그 죽음을 몰랐어요. 어쩌면 그렇게 할 수 있는지. 상식을 벗어난 세계에서 살고 있구나. 쓸쓸한 감회뿐이지. 아이구야!

박종명 선생이 중심이 되어 설립한 금수문고가 있었던 아마산(尼産) 빌딩

호르몬 사업과 재일동포사 연구 30년

- 이름 : 서근식
- 구술일자 : 2013년 2월 24일
- 구술장소 : 서근식 자택(아마가사키시 소재)
- 구술시간 : 2시간
- 구술면담자 : 동선희(인터뷰), 김인덕
- 촬영 및 녹음 : 성주현

■ 서근식(徐根植)

1950년 아마가사키(尼崎) 시에서 태어난 재일코리안 2세. 총련계 학교를 다녔으며 조선대학교에서 역사를 전공했다. 대학 졸업 후에는 총련계 중학교에서 근무하다가 학교를 그만 둔 뒤 부친의 생업이었던 호르몬 사업을 운영했다. 1983년 효고조선관계연구회(兵庫朝鮮関係硏究會, 효쵸켄)를 결성하여 효고, 간사이(關西) 지역을 중심으로 동포의 역사 연구에 힘썼다. 현재 효쵸켄 대표이다. 재일코리안사에 관한 다수의 논저를 썼다.

주요 저서(공저 포함)로는 『韓國併合前の在日朝鮮人』(明石書店, 1994), 『鑛山と朝鮮人强制連行』(明石書店, 1987), 『地下工場と朝鮮人强制連行』(明石書店, 1990), 『在日朝鮮人—歷史、現狀、展望』(明石書店, 1995), 『近代の朝鮮と兵庫』(明石書店, 2003), 『兵庫の大震災と在日韓國·朝鮮人』(社會評論社, 2009), 『鐵路に響く鐵道工夫アリラン 山陰線工事と朝鮮人勞働者』(明石書店, 2012) 등이 있다.

■ 인터뷰에 관해

서근식 선생의 인터뷰는 아마가사키역 근방의 자택에서 이루어졌다. 선생님 댁에는 앨범이 많았다. 가족사진을 정리한 앨범도 있었지만, 조선인 강제연행지(철도 등)를 오랫동안 답사하여 찍으신 사진들은 특히 귀중한 자료로 생각되었다. 다만 시간 부족으로 사진에 대한 설명을 충분히 듣지 못한 것이 아쉽다. 인터뷰 중간에 서근식 선생의 부인이 보충 설명을 하기도 했는데, 그 경우 부인의 말씀을 (부인)으로 표시하고 내용을 기록했다.

■ 구술 내용

효쿄켄 활동에 대해

Q : 효쿄켄(兵朝研) 활동에 관해 말씀해 주십시오.

A : 올해 효쿄켄[1] 30주년을 맞이하기 때문에 기념회를 합니다. 기념
회를 빨리 정하자고 히다(飛田) 씨[2]하고 얘기를 했어요. 11월 13일
이 결성일인데요, 가까운 일요일에 합니다. 히다 상이 사회를 맡
고…

또 우리가 내는 책이 11월에 나옵니다. 아카시 쇼텐(明石書店)하
고 얘기가 되어서 11월 13일 전에 책이 나오도록 해서요.

Q : 책 제목은 나왔습니까?

A : 아직 제목은 정하지 않았고요. 논문들이 실리는데, 고우이(高友
二) 씨가 '민단 초대단장 박열과 효고현'이라는 제목으로 여러 자
료를 보고 쓴 것이 있습니다. 30페이지 정도 된다고 합니다.

그리고 내가 10페이지 정도 조선건국국민학교(朝鮮建國國民學校)
에 대해 하나 씁니다. 건청(建靑)에서 운영한 그런 학교가 2년간
있었는데 폐쇄령으로 없어졌지요. 그런데 그걸 아는 사람은 아는
데 조련 중심으로 민족학교 얘기가 되어서 잘 알려지지 않았지요.

---

[1] 효고조선관계연구회(兵庫朝鮮關係硏究會). 효쿄켄은 1983년 11월 효고현의 재일
2, 3세가 중심이 되어 결성했다. '기록하지 않으면 역사가 아니다'라는 기치를 내
걸고 효고 지역의 동포 역사를 연구해 했다. 초대회장은 김경해, 현 회장은 서근
식이다. 『兵庫と朝鮮人』(ツツジ印刷, 1985)을 시작으로 지금까지 7권의 저서를
냈다.

[2] 히다 유이치(飛田雄一)는 효쿄켄에서 활동하고 있으며, 고베학생청년센터(神戶
学生靑年センター) 관장이자 재일조선인운동사연구회 간사이 지역 대표이다.
'조선인 강제연행'의 연구, 실천 활동을 오랫동안 계속해 왔다. 『日帝下の朝鮮農
民運動』(未來社, 1991) 등의 저서가 있다.

그때 건청이 학교를 두 개 만들고 같은 교사를 빌려가지고 같이 하고 있었습니다. 김경해(金慶海)[3] 선생이 그때 조련이 만든 학교가 아니라 건청이 만든 학교에 다녔어요. 그런 것도 있고 해서 여러 자료를 모아서 그런 학교도 2년간 있었다 하는 것을 소개하는 의미에서 책에 내고…

또 하나는 조련 시기에 조련하고 건청하고 자꾸 싸움을 하지 않습니까. 칼 가지고 싸움 하고 사람이 죽고 했습니다. 효고에서도 몇 개 사건이 있는데 그걸 내가 정리해 가지고 조련 시기에 그런 것도 있었다는 것을 말이지요. 양 단체의 그런 나쁜 역사를 보지 말자 하는(웃음) 그런 경향이 있습니다만.

Q : 그런 내용이 효쿄켄 기관지에도 나와 있습니까?
A : 그건 회보에는 없습니다.

건청, 조련의 그런 역사에 대해서는 처음에는 자료가 너무 없었는데, 오규상(吳圭祥)[4] 씨가 쓴 조련에 관한 책이 있는데요. 오규상 씨가 2년 선배고 잘 알기 때문에 코피(복사)도 하고 싶다 하니까, 아직 공개할 준비도 안 되어 있으니까, 필요한 것은 코피해서 주겠다 해서 해방신문이라든가, 자료를 받았습니다. 그 자료와 고베신문에 나온 것 하고 합쳐서 썼습니다. 연구라기보다도 정리

---

[3] 1928~2009. 효쿄켄 초대 회장인 김경해는 민족학교 교사를 지냈으며 재일동포사와 한국근대사를 연구했다. 『在日朝鮮人民族教育の原点―4·24阪神教育闘争の記録』(田畑書店, 1979. 한국어판은 『1948년 한신교육 투쟁 재일조선인 민족교육의 원점』(정희선, 김인덕, 주혜정 역, 경인문화사, 2006), 『在日朝鮮人の民族教育』(神戶学生青年センター出版部, 1982) 등 어린 시절에 직접 경험한 4·24교육투쟁 관련 저서와 『在日朝鮮人民族教育擁護闘争資料集』(明石書店, 1988), 『在日朝鮮人·生活擁護の闘い』(神戶学生青年センター出版部, 1991) 등을 남겼다.

[4] 재일동포 역사학자. 『在日朝鮮人企業活動形成史』(雄山閣, 1992), 『ドキュメント在日本朝鮮人連盟1945』(岩波書店, 2009) 등의 저서가 있다.

한 것이지요.

Q : 자료 조사 등을 하면서 사진을 많이 찍으셨네요.
A : 어릴 때부터 취미로 사진을 많이 찍었고. 현장 답사나 필드 워크
　　를 많이 했습니다.

부모님에 관해

Q : 선생님의 아버님과 어머님께서 일본에 오신 계기라든가 그리고
　　오셔서 생활하신 것에 대해 얘기해 주시겠습니까?.
A : 우리 아버지는 한국 나이로 열여섯 살 때 일본에 건너왔다고 합니
　　다. 그 계기는 한국에 있어도 먹는 것도 안 되어서요. 작은 섬이라
　　서 같은 마을에 있는 친구들, 내가 아는 사람은 다섯 명인데 아버
　　지는 일곱 명이라고 하는데, 모두 남자 친구들이지요. 가까운 사
　　람들이랑 부산에 같이 가서 일본에 가자고 했는데, 그때는 통행
　　증, 허가증 없으면 배를 못 타고 그랬어요.
　　아버지는 그런 속에서 일본 기모노 천을 (취급하는) 그 장사꾼에
　　게, 일본말로 데치(丁稚, 도제나 견습생을 말함)라고 해서 옆에서
　　일하는 사람, 그거를 해 가지고 부산에서 같이 일하고, 그리고 일
　　본에 가고 싶다고 하니까 그 사람이 '좋다.' 해서 같이 규슈에 오
　　고, 시모노세키(下關)에 오고 그랬어요.
　　그 사람이 언제나 조선에 와서 장사를 하지만, 규슈에 갈 때는 가
　　는 요리점이 있습니다. 요리점에 가서 같이 가니까 '애를 여기서
　　봐 주라.' 하고, '이제 나는 필요 없으니까.', 그래서 아버지는 요리
　　점에서 일을 시작했대요.
　　그리고 어머님은 2세입니다. 외할아버지가 일본에 일을 찾아가지
　　고 와 가지고, 시코쿠(四國) 젠쓰지(善通寺)[5]라는 데서 아버지가

일을 할 때 어머니와 만나고 결혼하고, 거기서 내가 태어났다고
해요.

그 후에 와카야마(和歌山)에 가고 기시와다(岸和田)에 오고요. 기
시와다에서 어머니가 열여덟 살 때 누나가 태어나고, 그러니까 아
마 열일곱 살 때 결혼해 가지고, 어머니 스무 살 때 내가 태어났어
요. 아버지는 혼자 일본에 있었으니까 결혼이 늦어져서, 우리 동
포 중에 중개하는 아줌마가 있어 가지고 그 사람이 얘기해서 서른
두 살에 결혼했습니다. 어머니는 열일곱 살이었죠. 내가 아버지
서른여섯 때 태어났으니까요.

Q : 기시와다에는 방적공장이 있었다고 할고 있습니다. 혹시 거기서
  어머니가 일을 하셨나요?

A : 우리 어머니는 안 했습니다. 우리 이모가 했습니다. 기시와다에서
  유명한 여공들의 투쟁이 있었지요.[6] 이모가 거기서 많이 일했습
  니다.

  이모 하고 어머니 얘기 들어보니까 이모가 3~4살 정도 위인데 자
  기가 일을 하니까 동생만큼은 학교에 보내달라고 했어요. 우리 할
  아버지는 여자가 학교 갈 필요가 없다고. 남자는 보내지만도 여자
  는 안 보냈어요. 그러니까 우리 어머니하고 그 밑에 작은 이모가
  있는데 둘만큼은 내가(이모가) 일하고 돈 벌기 때문에 보내달라고
  해서 그래서 어머니는 학교에 갔어요. 이모는 방직공장에서 일하
  고.

---

5) 가가와현(香川縣) 젠쓰지시(善通寺市)를 말함.
6) 기시와다의 방적공장에는 식민지 조선에서 온 여공들이 많았고 한때 3만 명이
  조선인이었다는 얘기도 있다. 1930년 5월 열악한 노동조건에 맞서서 재일조선인
  노동자와 일본 노동자들이 1개월 이상 공동투쟁을 벌였다.

Q : 아버님께서 규슈에서 어린 나
이에 일을 하다가 나중에 오
사카에 오셨네요?

A : 네. 철공소에서 일을 하고 공
장에서 일을 하고, 다시 조선
에 들어가서 평양 북쪽에 평

서근식 선생 댁의 문패

성이라는 데가 있습니다. 거기에도 일하러 몇 달간 가고, 그리고
또 오사카에 돌아오고…

Q : 선생님이 태어나신 게 1950년인데, 전쟁 때 그럼 부모님께서는 무
엇을 하셨나요? 공습도 있었는데요.

A : 전쟁 때 고생했다는, 힘든 얘기는 별로 안 들었어요. 아버지는 오
사카에서 일을 했고, 남의 얘기는 많이 들었는데(웃음), 아버지 얘
기는 별로 못 들었어요.

Q : 아버지는 언제 돌아가셨어요?

A : 1988년도 12월 16일이예요. 하루 전날인 15일에 제사하고요. 잊을
수 없는 게 내 생일 때 제사를 한다는(웃음) 운명이 되어 가지고.

Q : 고생 많이 하시고 조금 살만할 때 돌아가신 거지요?

A : 그래도 새로운 집을 짓고 제일 밑의 남동생만 결혼 안 하고 있었
고. 내 형제가 다섯 명이었는데 한 명 말고는 다 결혼시키고, 손자
도 그때 아버지 이후에 손자가 다 있었고요.
전쟁 때는 혼자서 살았으니까. 아버지는 할머니 제사만 합니다.
왜 그러냐 하면 그쪽에 있는 아버지 형제들은 고모하고 아버지 외
의 형제들은 어머니가 다르다고 해서. 우리들이 한다면 할머니니

까 일본에 와서 하라 해서 고모가 밥하고 국하고 가져와서, 이전
의 집의 아랫방에서 절하고 그때부터 거기서 제사를 합니다. 그러
니까 후처라고 할까요?

나는 자세한 건 모르지만 어머니가 다르기 때문에 (아버지가) 집
을 나온 것도 그런 것도 있었고. 있어봤자 자기가…

Q : 아버님은 몇 년도에 일본에 오셨지요? 열여섯 살 때이니까 계산을
　　해보면 1930년 정도 된 거 같은데요. 1914년생이신 것 같은데요.

A : 그렇습니다.

조선학교에서 민족교육을 받은 경험

Q : 선생님께서 조선학교에 다니시고 그 다음에 활동도 열심히 하셨
　　잖아요. 그런 활동에 대해서 아버님께서는 혹시 반대하시거나 지
　　지해 주셨나요? 많이 이해를 해주셨는지요?

A : 이해해 주셨지요. 아버지 자체는 저런 데 동포 조직에 아버지가
　　있으니까. 고베에서 데모하고 모임 있으니까 나오라 해서, 가고…
　　가니까 경찰에 바로 잡히고. 그게 4·24 때… 항의하러 갔는데 고
　　베 내려가가지고 잡혔어요. 나가타(長田) 경찰서에요.

　　2주간 있었는데, 헌병 하고 일본 사람이 와서 보고 "이 사람 아니
　　다" 해서 석방되어서 돌아왔어요.

　　그런 경험도 있었고 해서, 그 후는 북에 귀국사업7)이 시작되었을
　　때에 아버지가 어머니가 말하기를 "혹시 고향에 돌아갈 날이 올지
　　도 모르기 때문에, 그때 장남이 자기 부모한테 우리나라 말로써
　　인사도 못하면 큰일이라"고, 그것을 계기로 나를 조선학교에 보내

---

7) 1959부터 시작된 재일동포들의 북송사업을 말한다.

고 조선어를 가르쳐야겠다고 했죠.

그때는 소학교에 아이들이 많았지요. 단카이 세다이(団塊世代)[8] 라고 해서 전후에 아이들이 많아서 소학교를 또 하나 만들고… 나는 일본학교에 다녔는데, 3학년 때 12월 13일에 귀국선[9]이 나갔는데, 고베에서는 12월 12일인가, 역에서 "만세!" 하면서 보냈어요. 니시코베(西神戸) 초급학교에서 환송모임을 하고… 고베에서 귀국하는 사람들이 니가타(新潟)로 간 거지요. 그 환송 모임 때 나도 아버지하고 같이 니시코베 학교까지 가고요. 아주 추운 날이었지요. 아버지는 모임에 참가하고 나는 밖에서 있다가 같이 돌아왔습니다.

그런 것들을 계기로 나를 (우리학교에) 보내고, 내가 우리학교 나온 이후에 총련 사업에도 보내자 해서 사업을 하기 시작했어요.

Q : 어릴 때부터 대학 때까지 기억하시는 일 가운데 더 덧붙이고 싶은 내용을 말씀해 주십시오.

A : 일본학교에 3년 다녔고, 유치원도 다녔어요. 동생들은 유치원에 안 보냈는데 굳이 나만(웃음), 아버지는 장남만 중요하다 해서 교육을 시켜야 한다 해서 유치원을 보내주었지요.

그 이후에 4학년부터 대학까지 우리학교를 다녔는데 학생시절도 정리해 봤지만은 우리 조선학교에 들어가잖아요? 그러면 소년단에 자동적으로 가입하잖아요.

학급에 반장이 분단장이라고 하는데, 나는 초급학교 때는 4학년 때 편입생이니까, 우리말 모르니까 수업 마친 후에 우리말을 공부

---

[8] 1948년 전후에 태어난 세대. 전쟁이 끝나고 이 시기에 출생한 사람 수가 갑자기 증가했다.

[9] 북송사업에 따라 동포들을 싣고 북한에 귀국한 배를 말한다.

하고 그래서 4학년 때는 아무 것도 안하고. 5학년 때는 분단 기수라 해서, 반 역원(役員)을 하고. 6학년 때는 분단장을 했습니다. 학교에서 쭉 그랬습니다.

중학교 1학년 때는 분단 부기수, 2학년 때는 분단 기수, 3학년 때는 분단장하고, 그러니까 반장이죠. 조고(朝高)[10]에서는 조선청년동맹, 그러니까 조청(朝靑) 생활을 했어요. 조청 조고지부의 조직부 부장을 하고… 3학년 때는 반장 하고요.

조대 가서도 마찬가집니다. 조선대 역사학부에 갔는데 1학년 때는 조직부부장, 2학년 때는 지부 조직부부장 하고… 3학년 때는 조선대학교 조대위원회 조직부부장이었어요. 조직부장은 다 전임 일꾼이지요. 그러니까 학생으로서는 조직부부장이 제일 높았지. 그런 식으로 학생 시절부터 쭉 역원을 맡았어요.

그런 것은 다 내가 순조롭게 살고, 뭐 마음도 약하고(웃음) 하기 때문에 그래서… 역원을 하면 시키는 대로 하고 나쁜 일을 하는 것도 아니고. 공부도 우등을 하고… 능력이 있어서 큰 성과를 얻었던 것은 아니지만, 부지런하게 무난하게 했지요.

그것을 김병식 때 했으니까, 별도 체계라 해서 열성자 열성체계가 있었기 때문에. 그것은 4학년 8월 달에 병식을 북에 추방하고 사건이 드러나서 그런 종파행동에 대해서는 총화사업을 했지요. 그런 것도 있었지만, 조선대를 졸업할 때에는 학부에 제일 우수한 학생이라 해서 김일성 청년회상이라고 해서, 청년동맹에서는 최고의 상을 받았습니다. 뱃지(badge)하고 시계를 받았지요.

나는 학생 때는 얌전한(웃음) 학생으로 역원으로 생활하고… 그리고 졸업해서 고베 조선고급학교에 갔는데 교원으로서 간 것이 아

---

[10] 조선고등학교.

구술하기 앞서 환담하는 모습

니고 조고위원회(朝高委員會)의 지도일꾼으로 갔습니다. 배치된 장소가 거기지요. 수업도 하고 방과 후에는 반장이라던가 지부, 그러니까 1학년이나 2학년, 3학년 지부 지도를 하고, 소조(小組) 지도도 하고, 성적 지도도 하고…

조선학교에서 일하다 그만 두다

Q : 정치사업 중에서 기억에 남는 가령, 일본에서 남한의 민주화투쟁을 지원하다든가 김대중 구출이라든가, 여러 가지 일이 있을 텐데요. 그중 기억에 남는 것이 있는지요? 선생님이 집회를 조직했다든가 그런…

A : 저는 정치활동은 좀 약합니다. 직책상 그런 것도 있었지만 고위급이 아니라서 그런 일은 안 하고. 중앙에서 일을 하라고 하면, 남조선에 편지, 엽서 보내는 사업이나 그런 것만 했습니다. 직접, 소위

말하는 대남사업이나 한국에서 온 사람들 교양사업이 있는데 그런 것은 거의 나는 안 하고…

나는 책임지도원이랑 같이, 한국에 있다가 미국에 가는 사람이 있어서 오사카 바에서 만나가지고 여러 가지 한국 이야기, 지금 어떠냐고 그래서 우리하고 이렇게 하자 하고(웃음), 그런 공작사업에 한 번 같이 동석해서, 같은 자리에 있었던 일이 한 번 있습니다. 그 외에는 학생들에게 지도하는, 이번에 크리스마스니까 크리스마스 카드를 한국 친척이라든가 주소가 있으면, 학생들한테 주소를 주고 카드를 주고 해서… 그런 문서 사업을 학교에서 1년에 몇 번, 크리스마스나 한국에 큰 데모가 있거나 무슨 사건이 있으면 하자 해서 그런 사업은 있었죠.

Q : 처음에는 정식 교원이 아니었는데 그 이후에는 조선학교에서 계속 교사를 하셨나요?

A : 학생들 가르치고 수업도 맡고 그랬지만, 결국 교사가 아니라 조청 지도원으로서, 마지막에는 책임지도였죠. 책임지도 하고.

1981년에 제가 학교를 그만두었습니다. 82년에 김일성 원수 탄생 70주년에 아주 큰 사업이 진행되었는데 성과를 올리고 조직을 강화하고 사상체계를 세우기 위해서 캠페인을 했으니까, 나는 그 캠페인에 참가하기 싫어서 3월에…

학교에 교양부장이 있었는데요. 교무부장이 있고 그 밑에 교양부장이 사상 담당이었습니다. 교양부장이 학교의 행정을 담당하는 거죠. 교원과 학생들의 사상 담당을 교양부장이 합니다. 지금은 총련 중앙에 있는 배익주 부장인데요, 배익주 부장에게 그만두겠다고, 10대 원칙[11]이 마음에 안 든다고… '10대 원칙은 원칙대로 있고 신경 쓰지 말라.'고 했는데, '신경 쓰지 않더라도 나는 이런 것

싫습니다.' 하고, 그래서 사직서를 내고 그만두었습니다.

Q : 사실은 직장을 그만두는 게 쉽지 않잖아요. 생계수단 그런 게 있는데 그런 생계에 대해서는 어떻게 생각하셨나요?

A : 집에 아버지가 장사하니까요. 아버지도 학교를 그만 둔다고 하니, 너는 본부에 가서 일하고 조국에 가는 그런 길이 있지 않은가, 정치일꾼으로서 조국에 가서 학생들을 지도하고 그런 것들이 있었지만, 나는 그때 결혼해서 애들이 둘이었고 장래 생활도 여러 가지 있고 가게를 이어가지고 사는 게 좋지 않는가 싶어서 그만 뒀어요.

학교에서 많지는 않지만 돈이 들어오고 있었지만, 아버지 어머니도 이제 나이가 많고 가게를 이어가지고 사는 것이 좋지 않나 싶어서 그래서 그만두었지요.

그 당시 인건비라고 했는데, 월급이 아니라(웃음), 최소한도 사는 정도였는데 그래도 효고에서는 그 속에서 연금을 지불했어요. 일본 공무원과 교원들은 공제조합이라는 것이 있어서 연금 그게 있었으니까. 내가 둘째 아이가 태어났을 때 시청에 가니까, 아마가사키시에서 보조금, 밀크대(밀크代, 우유값)라 해서 한 달에 5천 엔 주는 것도 있었고… 내가 학교 그만 둔 것이 30년 이상 되지만, 연령이 될 때 연금을 받을 수 있다 해서 신청을 해 보니까 들어간 게 없으니 일본 돈으로 8천 엔(웃음), 8천 엔이라도 생활비는 안 되더라도 용돈은 되니까 좋다 해서 신청해서, 매달 8천 엔씩 받고 있고…

생활 자체는 그렇게 그만 둘 때는 그랬고 생계는 81년 3월 달에

---

11) '노동당 유일사상 10대 원칙'을 말한다. 1974년 조선노동당 강령으로 제정되었다.

마치잖아요. 9월 달까지 동서가 노가다를 합니다. 토목 일을 하는
데 거기서 일을 시켜 달라 해서, 장모와 장인이 거기서 레스토랑
을 하고 불고기도 하고 있었으니까 거기서 자고, 애들 데리고 가
서요. 여기 있으면 다른 사람들이 와서 복귀하라 하니까(웃음) 반
년 간 그랬어요. 9월 달부터 가게를 이어가지고.

Q : 근무하셨던 학교가 어디에 있었나요?
A : 고베 조고. 고베시에 있지요. 한 시간 반 정도 걸리지요. 전철 타
고 52분 정도, 그리고 걸어서 산으로 쭉 20분 걸어가요.

Q : 근무하신 학교에서 김경해(金慶海) 선생님을 만나셨습니까?
A : 예 그렇습니다. 김경해 선생님은 학생 때에도 계셨지만 수업은 안
받았습니다. 제가 1학년 때 계셨습니다. 2~3학년 때에는 니시와키
초급학교에 교장으로 가서서 없었어요. 그 후에도 조고에 돌아오
셨어요. 거기서 여러 가지 충돌이 있었던 거 같아요.

Q : 혹시 선생님 그만 두는 것에 대해 고민 안하셨나요? 선생님께서
고민하실 때 김경해 선생님과 고민 내용을 같이 하신 적 있나요?
A : 그때는 안 했습니다. 82년도 3월 달에 그만둔 것이 저하고 정인규,
김경해 선생님인데, 서로 협의한 것도 아니고, 우연히(웃음). 서로
상담하고 그만둔 게 아니고… 왜냐하면 김경해 선생님이 그런 분
이시기 때문에 조금 사상적으로 문제가 있다고 지적되고 있었고
요. 나머지 선생님들은 일본 대학을 나와서 우리학교에 들어왔으
니까… 그 당시는 아직 사상적으로 따지는 것이 많았으니까, 그런
사람들은 10대 원칙에 따라서는 지장이 있는 일꾼으로 지적되고
있었으니까, 대우가 나빠서 그 사람들도 그만 뒀죠.

나는 혼자 생각하고 그만뒀습니다.

조선학교에 대한 생각

Q : 선생님의 조선학교에 대한 생각을 말씀해 주셨으면 합니다. 조선
학교가 이후에 사람이 줄어서 힘들다. 탄압을 많이 받는다. 그것
을 지원해야 한다 그런 많은 의견들이 나와 있습니다. 또 교육내
용이 자기들이 노력해서 김일성 위주가 아니라 바꾸려고 하고 있
다 하는 얘기도 있고요. 저희 입장에서는 아직 잘 모르는 부분이
많이 있습니다. 선생님께서 자유롭게 말씀해 주세요.

A : 내가 말했지만 학습조(學習組), 조선노동당의 일본 지부라 할까
그 학습조에 80년도에 들어갔습니다. 조고에 들어가서 80년쯤인
가, 학습조에 참가하게 되었습니다. 그때에 10대 원칙이 나와서
빨강 책에 절대화, 신격화 그런 것… 나는 단체로 김일성도 만나
고 조국에도 가고 여러 가지 일이 있었고 그만두니까 반역자라고
도 그랬지만은(웃음), 나는 학교에서 학생들에게 교양사업, 10대
원칙에 따라서 하는 교양사업은 그건 학생들이 하는 게 아니다 싶
었어요.

왜냐하면 내가 조선대학교 때 제가 역사를 하고 싶어서 수업 들어
갔는데 1학년 때는 김석형 선생의 유명한 초기 조일관계에 대한
책이 있어서 전부 복사하고, 그리고 이진희 선생의 일본 속의 조
선문화라는 것을 보고 그것을 따라서 나라(奈良), 교토(京都) 그런
곳을 찾아다녔지요. 또 조대 역사지리학부 들어갈 때 내가 면접한
사람이 박경식 선생입니다. 1학년 때 학부장이 박경식 선생인데,
그때 뭐 여러 가지 문제가 있어서 그만두셨지만… 조선 역사 선생
이 이진희 선생이었지요.

1학년 때는 그렇게 공부했는데 2학년 3월달부터 도록연습판 사업

이라고 해서 혁명역사 내용 몇 십 페이지를 통달해서 사람들에게 얘기하고 교양할 수 있는 사람이 역사학부다 그렇게 되어 가지고… 내가 1학년 때는 답사 같은 것 하지 않습니까. 그런 것은 시기가 아니다, 사상적으로 틀렸다고, 지금은 혁명역사를 통달해야 한다고 해서 그렇게 했지요. 그때부터 김정일체제에 들어가서 그 때부터 학습모임을 하고…

4학년 때에는 조대위원회의 일꾼도 하고, 전교생에게 생활지도를 하고… 나하고 네 명이 맡았지요. 한덕수 둘째 딸이 있는데 전교 부회장이고, 또 하나는 김정일이라 해서 중앙 일꾼의 아들이 있어요. 또 한 사람은 오사카 조고에서 조청 사업을 하다가 국비생이라 해서 대학에 온 사람이 있었지요.

그런데 이 사람들이 일을 잘 안 해요. 내가 다(웃음) 해야지요. 기상지도, 아침지도 운영하고, 강당에 모임이 있고 강연이 있다 하

구술하는 서근식 선생

면 내가 가서 하고요.

밤에는 전교생 기숙사니까 11시가 되면 교사를 쭉 돌고, 교실에서 나가라고 방에 가서 자라고 하고요. 조대위원회 방이 있는데 방에 돌아오면 12시쯤 되고요. 배도 고프고 하는데 그때는 조대위원회 라 하면 차가 있어요.

교문에는 수위라 할까요, 감시를 하는데, 우리는 차를 타고 허가 없이 맘대로 나갈 수 있었으니까 밤에 되면 식당에 가서 야식도 먹고 돌아오면 1시쯤 자지 않습니까. 6시에는 기상이지요. 7시에 는 조대 안마당이 있는데 지도를 해야지요. 그래서 수업 중에 언 제나 꾸벅꾸벅 졸아서 공부가 안 됩니다(웃음).

전문 일꾼이죠 뭐. 전임 일꾼으로 2학년, 3학년 때는 김병식 체제 에서 열심히 했는데, 실은 김병식이 한덕수 회장을 배반해서 김일 성 원수 말씀에 어긋나는 행동을 했다 하지 않습니까. 그래서 그 이후에 따라간 너희들이 문제라고 해서 우리 총화하라! 이렇게 되 었습니다. 나는 이상하지 않는가 했죠. 그렇게 지도한 것이 너희 들이 아닌가 하고. 그런데 우리만 나쁘다 하니.

몇 번이나 조대에 와서 지도한 중앙 일꾼들은 어떻게 되었나 하고 우리는 생각하지 않습니까. 그렇지만 우리도 모르고 따라간 것도 안 됐다 해서 좀 반성도 하고… 나한테는 총화(總和) 순번이 안 왔습니다. 몇 명하고 마쳤습니다. 총화 한 번 하면 원고용지 마흔 장 정도 써야 합니다. 열 장 정도 쓰면 아예 안 돼요.

총화를 하고 그 이후는 생활이 자유로워졌어요. 김병식 체제가 무 너지고 없어졌으니까. 그래서 내가 자기 생각으로 충실하게 따라 가서 이런 말을 듣는다면 내 마음대로 해야지(웃음).

또 그때 김정일 장군님이 하신 말씀은 김일성 원수님 말씀이고, 그에 따라서 총련 중앙이 하고 있으니까 그래서 했고, 또 열성자

체계를 부활시켜가지고 내가 또 그 지도원에 임명되어서… 똑같은 걸 만들어가지고 하는 거예요. 이런 거를 하다가 그렇게 되었는데 또 똑같은 걸 하니까, 이렇게 되면 내 인생이 없다 해서 그만두었어요. 자기 신념이 안 되는 일을 하는 것은 좋지 않다고 생각했지요. 그런 경위로 내가 그만 둔 겁니다.

나는 교원이 하고 싶었습니다. 하고 싶어서 학교에 응모했고요. 응모한 사람은 강성은, 서근식, 오사카의 또 한 사람… 강성은은 조대 학부장 하고 도서관장 그만 두고 연구소를 하지요. 고베 조고에 가라고 해서 기뻐하며 갔는데 지도위원이라 해서… 그래도 난 수업 하고 싶다 해서 수업을 하고요. 결국 교원으로서 마친 거지요. 조고 역원회 역원들과는 강습회도 같이 하고, 학생들하고는 사이 좋게 많이 지냈지요. 그만 둔 뒤에도 찾아오는 학생들도 많이 있고. 교원으로서는 뭐라 할까요. 10대 원칙에 따라 해야 한다는 유일사상체계의 사업은 싫었지만… 선생 수업에는 사상이 없다는 비판도 받았으니까요.

우리 때에도 교육을 바꿔야 한다는 얘기도 많았어요. 나는 학생들에게 사상 교육은 필요 없다 해서, 그게 싫어서 그만 둔 것이기 때문에…

내가 김일성 혁명역사를 담당했어요. 처음 갔을 때는 세계경제지리를 맡았는데, 할 사람이 없으니 사상교양수업은 당신이 하라 해서 그래서 김일성 혁명역사를 하게 되었는데 그것도 싫었지요. 하기 싫어도 중앙에서 보낸 교수안이 있으니까 교수안에 따라서 진행했고, 조선전쟁 때만 그냥 교수안에 따라서 해봤자 재미없으니까, 일본 자위대가 스물여섯 권 정도 조선전쟁에 대해 엮은 것이 있습니다. 그거 하고 국제연합군 사령관을 했던 리지웨이라던가 맥아더 같은 사람이 쓴 것도 있고 그걸 섞어서 수업에 쓰고… 조선전쟁 사진첩도 사서 학교의 기계로 영상을 보여주며 수업을 했지요. 교과서 내용은 김일성 원수가 우리나라를 통일하기 위해서 전쟁을 하고 우수하게 지도했다는 거지만 그것만으로는 안 된다 싶어서… 책을 많이 읽어보니까 전라도 근방에서 투쟁하다가 형제 간에 서로 총을 쏠 수 없었다 그런 이야기도 나오고요. 그런 걸 포함시켜서 수업을 했습니다. 학생들도 어릴 때부터 김일성 만세 교육을 받다가 이 사람은 그런 걸 강조 안하니까 사상이 없다고…(웃음)

정홍영에 관해

Q : 정홍영(鄭鴻永)[12] 선생님하고 가까우신 것 같습니다. 그분을 만나시게 되고 같이 일하시게 된 과정을 말씀해 주시겠어요?

A : 1984년에 우리가 (효쿄켄을) 했을 때 정홍영 씨가 1년쯤 있다가…그래서 『효고와 조선인』이라는 책을 낼 때의 일인데요.

그보다 조금 전에 오사카공항하고 조선인 노동자 문제인가? 정홍영 씨는 다카라즈카(寶塚)의 우리 동포 역사를 연구하고 있었기 때문에, 그래서 우리 하고 같이 하자 해서 같이 하게 되었어요. 특히 지하공장과 조선인 강제연행조사를 할 때 정홍영 씨하고 많이 여러 군데 갔습니다. 아주 열심히 연구하는 사람이기 때문에, 현지조사를 아주 정열적으로 하시기 때문에. 효고의 가이바라(柏原)라든가, 기후현(岐阜縣)의 가카미가하라(各務原) 지하공장이라든가. 오카야마현(岡山縣)에 있는 지하창고라든가, 같이 차를 타고 많이 갔지요.

---

12) 1929년 경북 상주 출생 연구자이며 활동가. 효쿄켄에서 오랫동안 활동했으며 효고지역 재일코리안 역사 연구에 힘썼다. 단독 저서로는 『歌劇の街のもうひとつの歴史－宝塚と朝鮮人』(神戸学生・青年センター出版部, 1997)이 있다.

고요엔(甲陽園)의 지하공장 터도 발견했지요. 땅 가진 사람과 교섭해서 지하공장에 직접 들어가기도 하고요. 이걸 신문에 공개하자고 하니까 주인은 그러면 땅값이 낮아지기 때문에 안 된다 하고… 어떻게 할까 하다가 정홍영 씨가 싸움이 되어도 좋으니 공개하자 했어요. 그래서 NHK와 아사히에 전화를 해서 그런 거를 발견했으니 보여주고 싶다 하고, 그래서 왔지요.

정홍영 씨는 히다 씨와 (활동을) 같이 했어요. 강제연행 모임이 10년간 있었는데 정홍영 씨는 간사회에서 모임을 지도했고… 나는 가게가 있었으니까 그런 것은 못하고, 모임에는 갔지만.

첫 번째 나고야에서 한 것이 제1회의 모임이고 마지막 열 번째가 구마모토(熊本)인데… 매번 갈 때마다 정홍영 씨가 뭐라 할까요, 간사회의 상담역을 했지요.

지금은 전쟁유적연구회에 정홍영 씨와 지하공장 조사하던 사람들이 몇 명 있습니다. 전쟁유적연구회에 많은 연구자라든가 연구단체, 운동단체가 모이는데 그런 사람들 속에서 간사 역할을 하고 있어요.

김경해 선생님은 이렇게 하자, 저렇게 하자 하고 막 앞으로 가지 않습니까. 우리는 그 다음에 이런 저런 것을 얘기하고 마지막에 정리하는 사람이 정홍영 씨지요.

A : 원래 어떤 일을 하시는 분이었나요? 2세이십니까?

Q : 재일 2세입니다. 정홍영 씨는 원래 총련의 전임 일꾼을 오래 하시고 상공회에 가서 다카라즈카 지부 위원장도 하셨습니다. 조선상공회 이사로 일하다가 그만 두고 불고기 장사를 하고… 상공회를 그만 둔 다음에 동포 역사를 연구해야겠다 해서 다카라즈카 근방의 많은 사람들의 구술을 하고, 그것을 문서로 한다든가, 특히 오

사카 공항의 조선사람 문제를 처음으로 논문으로 쓰고요.

정홍영 씨는 민단이 하는 지방참정권 문제에 대해서는 반대했지요.

동포의 참정권 문제에 대해

Q : 한국에서는 정주외국인이 지방선거에서 투표권을 행사하도록 법률이 바뀌었는데요. 재일 동포가 지방참정권을 갖는 문제에 대해 반대하시는 겁니까?

A : 1세 때 일본에서 시회, 현회 같은 데에 조선 사람이 출마도 하고 당선도 되었지요. 그래서 일본 선거에 참가하는 것은 일제에 굴복하는 것이라는 생각이 강합니다. 총련도 그렇고요. 일본 선거에 나가는 것은 일본인처럼 인식하는 것이고 내정 간섭이라는 것이지요.

Q : 혹시 북한의 재외 공민으로서 북한 참정권을 달라고 요구할 수 있습니까?

A : 총련에 속한다는 것은 조선 패스포트를 갖고 국적이 조선민주주의인민공화국이라는 것인데, 일본과 북한은 국교가 없으니 조선이라는 국적은 없지요. 패스포트에 어디 출신이라는 것은 나와 있지만, 그것이 북한의 재외공민으로 국민 등록을 증명하는 것은 아니지요. 그래서 북한에 가면 총련이 증명서를 내 주고요. 그러니까 정치적으로는 일본에 있는 북한의 재외 공민이지만 실제로 공민 취급을 하는가는 별개 문제입니다. 국민등록이나 증명서가 그쪽에서 제대로 발행될 수 있는가 하는 것이죠. 북한도 우리를 그만큼 신용하지는 않아요.

A(부인) : 여담인데 우리 딸이 신혼여행을 이탈리아에 갔을 때예요.

조선 국적의 패스포트를 내고, 외국인등록증을 내고 그리고 호적까지 냈어요. 북한의 호적이 따로 없으니까.

싱가폴은 비자 없이 갈 수 있으니까 그럴 필요가 없었고요. 미국 여행이나 영국에 입국할 때는 패스포트가 아니라 일본국이 이 사람을 보증한다는 형태로 다녀올 수 있지요. 그런데 이탈리아는 호적까지 필요했어요.

Q : 지방참정권에 대해 선생님은 어떤 의견이십니까?

A : 국정과 관계 없는 지방참정권은 가져도 되지 않을까 생각합니다. 하지만 그걸 가지고 얼마나 영향력이 있을까 하는 문제가 남지요. 주민 투표도…

A(부인) : 주민 투표는 지금 중국, 브라질 국적 사람이 많고 90%가 외국인 노동자라고 해요. 여러 가지로 난관이 많지요.

그래도 이번에 대통령 선거가 있는데요.[13] 나는 생전 처음 투표를 하니 가슴이 두근거리지요. 인터넷으로 등록하거나 투표도 못 하지만… 묘하게 복잡한 느낌이예요. 이제부터 선거에 참가할 수 있다는 기대랄까.

이제 아베 정권이 되면서 재일동포가 점점 살기 어려워지고 있어요. 일본 정부 입장에서는 재일코리안은 필요 없어요. 귀화하든가 어쨌든 재일이 없어지기를 바라고 점점 색깔이 옅어지는 걸 기다리고 있어요. '일제 놈들이 우리를 탄압했다.'는 그런 생각을 가진 늙은이들이 없어지는 것을 기다리는 거지요. 그러면 지금 전쟁을 경험하지 않은 일본 젊은이들이 많듯이 탄압을 경험하지 않은 재일 젊은이들이 많은데 그 부모들은 자기들의 경험을 자식들에게

---

13) 서근식 씨 부인은 한국 국적이다.

잘 전달하지 못해요. 괴로운 경험이 떠오르니 얘기하기 싫고 말도
좀 어눌하고요.

철도공사장에서 일한 조선인들

Q : 철도공사에 대해 책[14]을 쓰셨는데, 선생님도 구술조사를 하셨지
요? 철도공사장에서 함바(飯場) 만들고 거기서 일을 한 다음에는
다른 곳으로 떠나잖아요. 그런데 공사장에서 일한 분들을 어떻게
찾으셨나요?

A : 아니, 조선 사람으로서 일을 한 사람은 별로 남아 있지 않습니다.
일본 사람은 몇 명 있지만… 그래도 뭐 1907년부터 한 공사니까…
그때는 한 번 오면 돌아가는 사람도 많았던 것 같습니다. 다른 연
구자들 보니까 규슈에서 한 조선 사람이 오사카 긴테쓰(近鐵)의
이코마(生駒) 터널에도 왔다는 이야기도 있고, 그러니까 함바(飯
場)를 옮겨서 다른 데서 일하는 사람들도 있었지만요.

조선 사람이 일본에 온 도일 시기 조사가 있는데, 대체로 20년대
이후에요. 주로 현재 남아 있는 사람들이 자기 아버지, 할아버지
따져 봐도 대체로 20년대에요. 내가 (연구)한 시기는, 한일합병 직
후까지의 얘기니까…

조선 사람들은 함바(합숙소)에서 살고, 이 당시 일본 기사라든가
일본 사람들은 마을에서 집을 빌렸지요. 그러니까 철도소 사람들
은 좋은 집에 들어가고 일반적으로 토목 하는 사람들이나 조선 사
람은 함바에서 살았다고 하는 관계자들의 이야기를 들었습니다.
도칸(桃觀) 터널이 하마사카(浜坂)에 있는데요. 하마사카에 시모
다 히데오 선생이 지금도 계시는데, 선생은 당시 터널을 공사할

---

14) 서근식, 『鉄路に響く鉄道工夫アリラン 山陰線工事と朝鮮人労働者』, 明石書店,
2012.

때 미국이나 영국에 가서 배워서 일본 철도를 설계한 사람이지요. 한국 사람들하고 직접 만나서 얘기했습니다. 좋은 사람이 많았다고 했어요. 그 사람들하고는 책 낼 때 편지로 왔다갔다 했어요. 1977년 산인선(山陰線) 철도에 대해 일본고베신문이 14회 연재했어요. 그중에 7회쯤 되었을 때 시모다 선생에게 취재를 했어요. 시모다 선생은 철도 공사 당시 조선 사람이 3천 명 정도 있었다는 얘기를 들었다고 했는데, 굉장한 수지만 그냥 들은 얘기라서 막연한 숫자지요. 내가 질문하고 조사해 보니 500명 있었다고 해요.

Q : 산인선이 어디서부터 어디까지지요?
A : 일본 산인철도는 동해 쪽으로 쭉 이어지는데, 처음에는 돗토리(鳥取)부터 교토까지였습니다. 돗토리에서 대륙에 군대와 물자를 보내기 위해서 만든 거지요. 그런데 돗토리에는 이즈모(出雲) 신사가 있고, 이즈모 신사라면 천황이 신이 아닙니까. 천황의 조상이 이세(伊勢)와 이즈모에 있기 때문에 돗토리와 교토를 연결시키는 건 경제적인 문제가 아니라 정치적, 사상적인 문제지요.
그중에서도 효고현 안에 산인선 철도가 와다야마(和田山) 국도에 있는데, 내가 집중적으로 연구한 것은 기노사키(城崎), 동해 쪽에 돗토리와 경계가 있는 곳이지요.
시모다 선생에게 많은 가르침을 받았고, 도칸 터널의 함바 관계자들이나 기사에 관한 것은 시모다 선생이 알려 주신 것입니다. 활자화된 것도 있으니까…

호르몬 사업

Q : 선생님이 하시는 호르몬 사업에 대해서 말씀해 주십시오. 사업을 하게 된 계기는 무엇입니까?

A : 아버지가 철공소 일을 하다가, 내가 소학교 들어갈 때인가. 내 밑에 동생이 내년에 60이 되는데 그 동생이 태어났을 때 지금 아마가사키역 근처에서 가게를 시작했어요.

그 전에 자전거를 사 가지고 오사카 도요나카(豊中)에 가서 도살장에서 일했지요. 도요나카에 지금은 도살장이 없지만… 그때는 조선 사람들이 도살장에 있었고, 같이 일하던 사람이 소개해서 간 거지요. 거기서 일한 몫을 받고 아마가사키로 호르몬을 가지고 와서 여기서 아버지가 호르몬 장사를 했어요.

도살장에는 당시 부락 사람들과 조선 사람이 일했고, 일부 오키나와 사람도 있었지만… 차별 받는 사람들의 직종이었고 나는 그 일을 싫어했어요. 지금은 불고기에다가 소창, 대창 먹는다 하지만…

Q : 요즘에 한국에서는 소창, 대창이 인기인데요.

A : 우리 어릴 때는 쇼케이스 안에 얼음 덩어리를 넣어서 소창, 대창, 염통을 그냥 덩어리로 넣지요. 내장이 그대로 나란히 있으니까 보기 싫었고, 야만적인 일이라고 생각했지요. 나보다 두어 살 많은 밀항한 조선 사람이 있었는데 그걸 똥장이라고 했지요. 경상도에서는 똥장이라 해요.

어릴 때는 이 장사가 싫었고 아버지는 이 일을 자기 대에서 마치려고 생각하고 있었습니다. 일이 더럽고 야쿠자의 일이라 할까, 눈에 안 보이는 차별도 많이 있고… 나도 싫었지만 학교 그만 두고 할 일이 이거밖에 없고 특히 아버지도 이 장사를 해서 우리 형제 다섯을 키우고, 나하고 밑에 여동생은 대학까지 보내고 집도 사고, 해 왔으니까 나도 따라 열심히 일해서 집도 세우고 하자 했지요.

처음에는 자전거로 다녔지만 차도 사고, 내가 초급학교 6학년 쯤이었나 아버지는 (운전) 면허장 받으러 갔는데 일본어를 쓰지 못하니까 면허장을 못 받지요. 그래서 어머니가 4년간 심상소학교를 나왔으니까 (일본어로 글을 쓸 수 있어서) 가서 면허장을 받고… 경자동차를 하나 구하고요. 어머니가 면허장을 받을 때는 여성 운전자는 별로 없었습니다.

그런 식으로 별로 크지 않은 호르몬 장사를 하는데 차를 산다 해서 사람들이 놀랐지요. 집도 사고, 이런 식으로 살아가야 한다고 결심하고 시작해서 여러 우여곡절이 있었지만 지금까지 하고 있지요.

'나마 레바(生肝)'라고 하는 것이 있는데 작년에 민주당이 생식을 먹는 것을 금지했지 않습니까. 위반하면 2년간 징역 간다 해서요. 식육 관계나 소고기 업자들은 힘이 없어요. 거의 조선 사람이나 부락민들이 하니까요. 윤원수[15) 씨는 이건 명확하게 정치적으로 봐야 한다. 대부분 조선 사람이 하는 일이니까 조선 사람의 목을 잘라내는 일이라고요.

Q : 선생님은 주로 구워서 파시지 않습니까?

A : 아니요. 생것을 많이 합니다. 지금 아들이 가게를 보고 나는 도살장에 가요. 소를 해체하는 사람은 따로 있고 내장을 여러 가지로 나누어서 가지고 와서 가게에서 일반 사람에게 소매로 팔기도 하고요.

소고기 내장을 명치(明治) 이전부터 일본에서도 먹었다는 연구도 있어요. 해방 이후 조선 사람이 호르몬을 낸 것이 시작이라고 거의 다 알고 있고, 빠친코도 조선 사람이고. 갬블(도박) 같은 것은

---

15) 2012년 서근식 씨를 소개해 준 재일 2세.

일본의 정신 있는 사람이라면 할 일이 아니다 하는 인식이 있어
요.

조선 사람이 하는 장사를 냉대한다고 할까, 탄압은 아니어도 경찰
의 간섭도 많았지요.

Q : 가게를 부인과 함께 하십니까?

A : 요즘 같이 나갑니다. 식사는 주로 집에서 하고요. 저녁 7시까지
영업을 합니다.

Q : 한국에서는 요즘 대창이 고급 요리이고 유행하고 있는데요.

A : 한 마리에 대창은 10kg가량 나오는데 대창 구우면 2kg 정도 나오
지요. 대창이 맛이 있고, 곱창은 기름기가 많아요.

구술을 마치고 가족과 함께